나도 글로벌 인재가 될 수 있다

나도 글로벌 인재가 될 수 있다

송희연 지음

역사공간

나는 급변하는 세계 정세와 무한경쟁 속에서 한국이 세계 속에 선진국으로 우뚝 서기를 기원한다. 그러려면 무엇보다 글로벌 인재가 양성되고 확보되어야 한다. 우리나라에는 40년 이상 먼 미래를 내다보며 인재 양성을 위해 물심양면으로 전력투구해 온 훌륭한 분들이 있다. 그들이 바로 우리 어머니와 아버지이다. 또한 우리나라 청소년과 대학생이야말로 미래를 내다보고 학업 진로와 일생에 대해 설계하고 결단해야 하는 귀한 인재들이다.

Part 1에서는 세계 경제의 3대 트렌드에 대하여 설명함과 동시에 새롭게 해야 할 우리의 각오를 서술할 것이고, Part 2에서는 우리나라 경제의 지속 성장을 위해 우리가 선택해야 할 '신성장 동력'과 구체적으로 실천해야 할 방안을 사전적으로 제시한 것이다. 이러한 사전적 준비야말로 한시라도 소홀히 할 수 없는 '유비무환(有備無患)'의 대책이다. 끝으로 Part 3에서는 '글로벌 인재' 양성을 위해 설립하는 '인천글로벌대학교'의 설립 배경, 외국 대학 유치 과정과 운영전략에 대해 설명한 것이다. 또한 인천글로벌대학교가 우리가 선택해야 할 '신성장 동력'의 육성을 위해 필수 인프라임을 분명히 밝혔다. 그리고 인천글로벌대학교 캠퍼스 설립 이전에 동북아

인재양성을 위해 소규모로 설립한 인천대학교의 '동북아국제통상대학'의 성공 사례를 제시함으로써 인천글로벌캠퍼스의 설립과 운영에 참고가 되도록 했다.

이 책이 우리나라 인재를 기르는 학부모와 중·고등학교 교사에게 참고가 되고 중·고등학교 및 대학교 학생들이 각자의 비전과 실천계획을 설계하고 결단하는 데 도움이 되길 바란다. 기업경영을 맡고 있는 회사 임직원, 정부정책을 담당하고 있는 공직자에게도 조금이나마 도움이 되기를 희망한다.

이 작은 책이 나오기까지 조언을 아끼지 않고 협조해 준 박동석 전 인천광역시 부시장, 윤문원 작가, 안상길 전 KIET 홍보실장과 박종술 선생께 감사드린다. 또한 바쁜 중에도 자주 조언을 해 준 강원대학교 경제학과 김원중 교수(필자의 사위)와 서울시립대학교 송지희 교수(필자의 딸)에게도 고마운 마음을 전한다.

끝으로 필자와 함께 유학했고 일하고 있는 삶의 동반자이며 이 책이 출간되기까지 혼신의 노력을 경주해 준 아내 이명재 여사에게 깊히 감사한다.

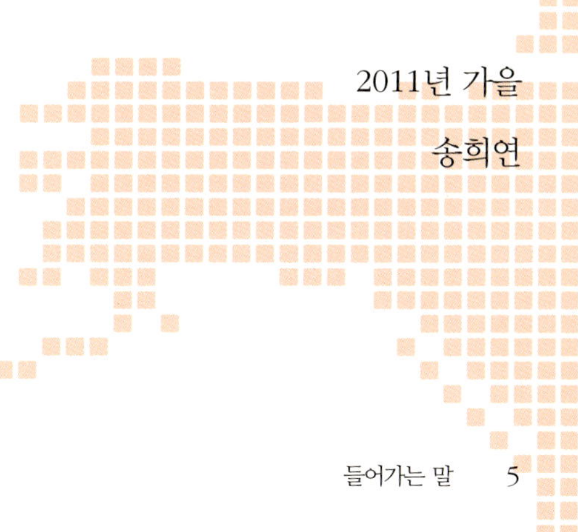

2011년 가을

송희연

Part 1

세계 경제 3대 트렌드에 직면한 한국

최근 우리는 세계 경제의 3대 트렌드에 직면하고 있다. ① 빠르게 진행되고 있는 '세계화' 트렌드 ② 지식 기반 및 문화기반 경제로의 빠른 전환 트렌드 ③ 중국·인도 경제의 고속성장 트렌드이다. 이 3대 트렌드가 한국 경제에 주는 충격은 앞으로 대단히 클 것이다. 이러한 세계 경제 트렌드에 대비하여 우리는 무엇을 어떻게 준비하고 있는가? 민간·업계·교육계, 정부 및 정계에서 나름대로 세계 경제 트렌드에 대비하기 위한 각종 프로그램을 진행하고 있다. 그러나 현재 진행 중인 프로그램의 강도로 세계 경제 트렌드에 대비하기에는 역부족이다.

그렇다면 우리는 어떠한 대안을 강도 높게 추진해야 할 것인가?

기업의 임직원들과 정부 고위 공무원들은 세계 경제 트렌드에 대한 깊은 이해와 대응전략에 대하여 연구하고 고민해야 한다. 이에 대한 기업 및 정부의 공감대 형성이 필요하다. 기업의 당면문제를 해결하려면 정부의 정책적인 지원이 필요하다. 이를 위해 정부 역시 세계 경제 트렌드에 대한 정확한 이해와 사전적 대응전략을 수립하고 실천방안을 모색해야 한다.

1장

빠른 세계화 트렌드

오늘날 운송수단과 정보통신의 급격한 발전으로 인해 사람과 물자 뿐만 아니라 정보가 국경과 문화의 벽을 넘어 전 세계 어느 곳이든 빠른 속도로 이동하고 있다. 이는 오늘날 '빠른 세계화 트렌드'를 가능하게 하고 있다. 이렇듯 빠른 세계화 트렌드에서 가장 핵심 키워드는 '서로 다른 문화의 사람들이 그물망과 같은 네트워크로 서로 연결되는 시대(Era of Human Network Across Different Culture)'가 도래했다는 것이다. 글로벌 시대 지도자가 얼마나 능력이 있느냐는 그 지도자가 얼마나 많은 다른 문화권 인재와 얼마나 깊은 인간적 유대관계를 맺고 있는가에 달려 있다.

글로벌 인재가 되려면 우선 문화가 서로 다른 지역의 사람과 깊은 인연을 맺어야 하며 이를 위해 세계에서 가장 보편적으로 통용되고 있는 언어인 영어를 자유자재로 말하고 쓸 수 있어야 한다. 또한 영어 외에도 1개 혹은 2개의 제2외국어를 말하고 쓸 수 있어야 한다. 뿐만 아니라 누구나 믿고 존경하는 인품과 윤리관(moral)을 가진 글로벌 인재로 성장해야 한다. 특히 세계화가 가져다 준 중요한 과제는 세계 여러 나라 사람이 믿음을 가지고 서로 돕고 의지하는 관계를 맺어 가도록 최선을 다하는 것이다. 글로벌 인재는 다른 문화를 깊이 이해하고 존중하며 상호 협력 관계를 중요시하여 이를 실천에 옮기는 인재(人材)요 동량(棟樑)이다.

물론 세계화 시대에도 국가는 필요하고 지방정부도 필요하다. 아무리 세계화가 진행된다고 해도 국가를 중심으로 한 공동체 의식은 필요하다. 다만 우리가 기억해야 할 점은 오늘날 빠르게 진행되고 있는 세계화라는 트렌드를 거역할 수 없다는 것이다. 왜냐하면 예전에도 무역은 이루어졌고, 국가 간에도 경제적으로 상호 협력 관계를 유지했다. 유럽연합(EU)이나 아세안(ASEAN)과 같은 지역통합도 엄연히 존재했다. 그러나 지난 20여 년 동안 정보기술(information technology)의 획기적 발달과 새로운 형태의 통신기술(communication technology)이 새로운 세상을 만들어 가고 있다. 인터넷을 통해 일어나고 있는 상호 협력의 세계는 이전 세계와는 전혀 다른 규모이며 그 영향력도 마치 핵폭탄과 같다.

그러면 우리나라는 이러한 세계화 트렌드에 얼마나 잘 적응하고 있을까? 우리나라는 IT 기술 중 하드웨어는 상당히 발달했으나 소프트웨어는 크게 발전하지 못했다. 또한 세계화를 대비하는 마음가짐과 세계화에 필요한 지식과 문화 수준은 선진 수준에 미치지 못하고 있다.

한국의 세계화, 국책연구기관과 대학의 역할

1962년에 시작한 경제개발 5개년 계획의 수립과 집행을 위해서는 그동안 해외에서 교육받은 젊은 엘리트의 참여가 필요했다. 이를 위해 우리나라 정부는 1966년 2월 한국과학기술연구소(KIST)를 설립하고 미국 및 유럽 등의 선진국에서 박사학위를 취득하고 대학 연구소 및 기업 연구소에서 경력을 쌓은 과학 및 기술 분야의 글로벌 인재들을 유치했다. 정부는 KIST의 설립을 위하여 1965년 5월 박정희 대통령과 미국의 린든 존슨 대통령이 대한민국의 공업 기술 및 응용과학 연구소 설립에 관한 성명을 발표했다.

당시 우리나라 정부는 유치 과학자들에게 파격적인 대우를 했다. 1966년은 우리나라 제1차 경제개발 5개년 계획의 마지막 해였다. 그때는 1인당 국민소득이 200달러를 넘지 못하는 어려운 시기였다. 그러나 우리나라 기술 수준이 조속히 세계화되어 수출입국의 목표를 달성해야 했다. 청량리 임업시험장의 아름다운 자리에 국제 수준의 연구시설을 갖춘 한국과학기술연구소를 건설하여 초빙 과학자들에게 제공했다. 또한 그들이 거주할 수 있는 현대식 아파트도 건설하여 생활에 지장이 없도록 배려했다.

1971년 2월에는 카이스트(KAIST)의 전신인 한국과학원을 설립하여 과학기술 분야의 석·박사과정을 개설했다. 물론 교수들은 선진국에서 박사학위를 취득하고 세계 수준의 명문대학 혹은 연구원에서 가르치고 연구한 경험이 있는 우수한 글로벌 인재를 영입했다. 교수의 대우는 일반 대학교수보다 월등히 높았다.

1971년 3월에는 한국개발연구원(KDI)이 설립되었다. 주로 미국에서 경제학 박사학위를 취득한 경제학자들을 영입했다. 모든 보고서는 영문과 국문으로 작성되었다. 첫 임무가 제4차 경제개발 5개년 계획을 대외 지향적 경제 개발 계획으로 수립하는 일이었다. 우리나라 경제를 근대화하는 작업이었다. 결국은 어떻게 하면 우리나라 경제를 선진국 수준으로 빠른 속도로 도달하게 하느냐, 어떻게 하면 우리나라 경제의 후진성을 업그레이드해서 세계 수준으로 끌어올리느냐였다. 결국 선진화와 세계화가 키워드였다.

그런데 1980년대 초부터는 몇몇 사립대학이 선진 명문대학에서 박사학위를 취득한 교수를 유치하기 시작했다. KIST나 KDI와 비슷하게 높은 연봉을 제공하고, 아파트도 제공했다. 우리나라에 박사학위를 해외에서 취득한 교수의 수가 크게 증가함으로써 우리나라의 세계화에 크게 기여했다.

우리나라의 세계화는 기업에서도 가속적으로 진행되었다. 수출 주도 경제 개발 정책에 따라 가공 수출부터 시작하여 외국 기업에 의존하지 않고 한국 기업이 직접 수출하는 방식으로 발전했다. 이에 따라 한국 기업들은 시장조사부터 생산 및 상품의 수출과 관련된 모든 작업을 자력으로 해내기 시작했다. 대기업과 중소기업 모두 세계화 과정에 합류한 셈이다. 이러한 세계화 노력에도 불구하고 세계화 대열에 합류하고 있는 기업의 구성비는 극히 제한적일 수밖에 없었다. 더욱이 이해관계 집단은 세계화에 저항하기도 했다.

우리나라 유학생 수가 중국, 인도 다음으로 많다. 인구 규모에 비하면 한국이 1위이다. 그중에서 조기 유학생 수가 상당히 많은 것으로 파악되었다. 조기 유학생의 학부모들은 유학생 방문을 목적으로 해외 나들이가 빈번하다. 또한 우리나라 해외 관광객도 빠른 속도로 늘고 있다. 이러한 인적 교류의 빠른 증가는 세계화를 촉진하는 역할을 하고 있다. 그러나 이 모든 현상이 아직은 제한적이다. 세계화의 긍정적인 역할을 강조하고 부정적 역할을 고쳐 나가는 정책적 조정과 홍보가 필요하다.

이렇듯 세계화가 일부에서 빠르게 진전되었음에도 불구하고 전체적으로 보면 세계화 속도가 선진국에 비하여 매우 느리다. 따라서 우리나라가 세계화의 트렌드에 뒤떨어지지 않고 세계화 트렌드의 방향을 바로잡으려면, 나라 전체가 세계화의 속도와 방향을 잘 이해해야 한다. 일부 계층에 한정된 세계화는 소득의 격차를 초래하여 사회적 문제를 야기할 가능성이 크기 때문이다.

어떻게 하면 우리나라의 세계화가 보다 일반화되어 온 국민이 세계화의 혜택을 골고루 누릴 수 있을까? 어떻게 하면 세계화가 윤리적 바탕 위에서 확산되어 사회적 안정과 경제성장을 동시에 이룰 수 있도록 디자인될 수 있을까? 자칫하면 세계화와 글로벌 스탠더드(global standard)라는 개념이 미국과 유럽이 기준이 되어 미국화와 유럽화를 뜻하는 것이 아닌지를 확인해 나가야 할 것이다.

세계화를 재조명한다

따라서 우리가 추구하는 세계화의 방향과 목표가 과연 우리가 궁극적으로 원하는 방향과 목표인지를 평가해야 한다. 지속가능하고 활력 있는 경제성장, 안정적 소득분배와 복지국가 건설이라는 측면에서 우리가 추구하는 세계화를 지속적으로 평가하고 조정해 나가야 한다. 우리가 살아온 윤리관과 가치관을 지구촌 가족의 보편타당한 윤리관과 가치관으로 승화하여 한국형 세계화와 선진화를 만들어 나가야 한다. 우리가 모든 인류를 가장 즐겁고 아름답게 해 줄 수 있는 가치관과 방법을 가지고 있다면 그것이 바로 글로벌 스탠더드가 될 수 있다. 아마도 우리의 정신문화와 삶 그리고 교육의 기준인 '홍익인간(弘益人間)'이야말로 세계화의 윤리적 기준이 될 수 있을 것이다. 우리나라가 세계화에 기여하기 위해 국론을 결집하여 모든 노력을 경주한다면 글로벌 리더 국가가 될 수 있다.

반면에 우리의 바람직하지 못한 관행과 생각이 지구촌 사람들에게 즐거움을 줄 수 없고 아름다움이 될 수 없다면 우리의 생각과 관행을 버리고, 오히려 지구촌 사람들이 즐겁게 받아들이고 있는 관행과 습관을 열린 마음으로 받아들일 준비가 되어 있어야 한다. 또한 속도에서도 뒤처져서는 안 된다. 그러나 최근 세계화와 선진화의 가장 선두주자인 미국, 유럽, 일본이 천문학적 규모의 재정적자로 경제위기에 처해 있다. 일본과 미국은 이미 국가신용평가가 강등되는 수모를 겪고 있다. 또한 유럽의 그리스와 아일랜드뿐만 아니라 최근에는 스페인, 포르투갈, 이탈리아의 재정위기가 진행 중이며 개선의 여지가 보이지 않는다는 것이 최신 보도이다.

특히 그리스와 아일랜드는 구제금융에도 불구하고 사실상 재정 건전성 달성에 실패한 가운데 최근 포르투갈마저 구제금융을 신청하기에 이르렀다. 스페인처럼 EU경제의 9% 정도를 차지하는 경제대국이 재정위기에 직면한다면 이것이 유럽 및 세계 경제에 미칠 영향은 대단히 클 것이다.

국제신용평가사인 스탠더드앤드푸어(S&P)는 2011년 1월에 일본의 신용등급을 떨어뜨린 데 이어 2011년 8월에는 미국의 신용등급을 떨어뜨렸다. 미국의 경우 재정수지와 경상수지의 쌍둥이 적자로 국가부채 규모가 14조 달러를 돌파하여 미국의 연간 국내총생산(GDP) 규모에 육박하고 있다. 더욱 심각한 문제는 미국의 재정적자 규모가

GDP의 5%선 미만이었던 것이 2008년 금융위기를 거치면서 10% 내외로 급증했다는 것이다.

일본 역시 국가부채 규모가 국내총생산(GDP)의 2배가 넘는 규모로 유럽의 재정위기 국가보다 더 심각한 재정 적자 상태이다. 특히 일본은 최근 대지진과 후쿠시마 원전 핵 위기로 일본정부의 재정 부담이 가중되어 재정운용을 더욱 압박하고 있다. 이러한 선진국의 재정위기는 세계 경제에도 큰 위험요인으로 작용하고 있다.

만일 주요 선진국이 2008년 금융위기를 넘기기 위해 채택한 경기 부양정책에서 재정 적자를 해소하기 위한 고강도 긴축정책으로 선회한다면, 생산과 소비가 위축되어 세계 경제는 활력을 잃을 수밖에 없을 것이다. 이러한 선진국의 경제 상태 때문에 1997년 아시아의 외환위기와 2008년 미국발 금융위기에 이어 또 다른 세계 경제의 재정위기가 재발되지 않기를 바란다.

반면 신흥공업국가의 재정 상태는 비교적 양호하여 2008년 금융위기에서 빠른 속도로 회복하고 있다. 중국의 경우는 국가부채 규모가 GDP의 17~18%에 불과하다. 브라질과 인도 역시 60%와 55% 수준으로 선진국에 비하면 양호하다. 이러한 선진국의 재정 상태를 감안할 때 우리나라의 세계화와 선진화는 어떠한 형태로 창조되어야 할까?

세계화는 '속도와 방향'이 가장 중요하다. 속도가 너무 늦고 그 방향이 열린 마음에서 시작되지 않으면 결국 국가가 위기에 처할 수 있다. 이러한 역사적 교훈은 동서고금 어디에서나 찾아볼 수 있다. 한 시대의 지도자들은 그런 교훈을 잘 알면서도 왜 역사적 우를 반복적으로 범하여 한 국가가 위기에 처하고 그 후유증으로 수십 년간 혹은 수 세기에 걸쳐 국민이 고통 속에서 살지 않으면 안 되는 것일까? 국민을 상대로 한 보편적 교육, 특히 유치원, 초·중·고등 학교 교육을 통한 세계화의 교육이 자연스럽고 당연하게 이루어질 수는 없는 것일까? 그렇게 하려면 어떻게 해야 할까?

세계화에 필요한 지식과 지혜를 어려서부터 교육시켜야 한다. 예컨대 기본 외국어인 영어 외에 제2외국어로 중국어, 러시아어, 일본어 교육을 자연스럽게 실시하는 것이 좋다. 이웃나라에 대한 역사, 지리, 관습 등의 다양한 교육을 받는다면 열린 마음을 가진 글로벌 인재와 동량으로 자라는 데 크게 기여할 것이다.

우리는 전인교육을 자주 거론한다. 참으로 좋은 말이다. 전인 교육을 통해 세계화와 선진화에 필요한 교육 프로그램을 만들어 실 시한다면 그 효과는 대단히 클 것이다. 그러려면 간단한 영어, 중국 어 등의 외국어를 숙지해야 한다. 그리고 이웃나라의 정치, 경제, 사회와 그것들이 우리의 삶과 어떤 관련이 있고 어떤 영향을 주고 받는지에 관한 이야기의 이해가 중요하지 않을까?

어떻게 하면 지구촌 사람들과 함께 살아가면서 즐거움과 행복 을 추구할 수 있는지가 중요하다. 우리의 상식과 관습과 언어 표현 이 다른 지역과 다른 문화 속에서 살아온 지구촌 사람들에게 누(累)

가 되는 일은 없는지, 우리의 전통과 습관과 언어 표현을 세계화함
으로써 지구촌 사람들에게 즐거움을 줄 수 있는 것으로는 어떤 것
이 있는지 등에 대한 이야기가 중요한 교육과제로 선정되는 것이
좋을 것 같다.

세계화는 어떻게 추진되고 있나

우리는 세계화 트렌드에서 그 속도를 맞추지 못하고 그 방향을 제
대로 가늠하지 못하여 치욕의 국난을 겪은 예가 있다. 그러나 이러
한 역사적 사실을 알고 있는 것만으로는 부족하다. 온 국민이 세계
화를 잘 이해하고 공감대를 형성하여 대응방안을 실천할 수 있을
때에만 세계화 트렌드의 속도와 대열에서 이탈하지 않는다.

　우리 역사상 병자호란이라는 씻을 수 없는 국치(國恥)의 주 원
인은 당시 선진국인 중국의 변화에 대하여 많은 지식인들이 알고
는 있었으나 기존 세력 간의 이해관계로 공감대 형성에 실패했다.
따라서 세계화를 실천하지 못한 채 세계화 대열에서 밀려날 수밖에
없었다.

　한일합병의 경우도 치욕의 아픔이 아직도 가시지 않고 있다.
현재의 어려운 남북관계의 원인도 따지고 보면 한일합병이라는 치
욕적인 사건이 제공한 것이 아닌가. 세계화의 트렌드에서 밀려난

결과 36년 동안 뼈에 사무치는 아픔을 겪었다. 한일합병 이후 한 세기가 지나도록 6·25전쟁과 남북분단으로 인한 고통과 한을 완전히 해결하지 못하고 있다. 따라서 우리는 유치원, 초·중·고등학교 교육과 전인교육을 통하여 세계화의 속도와 방향에서 뒤지지 않도록 해야 한다. 또한 정치권에서도 세계 경제 3대 트렌드에 대한 국론을 통일해야 한다. 우리는 과거 국론분열과 위기 대응능력 부족으로 우리가 경험했던 국난과 국치가 다시는 재현되지 않도록 사전에 철저히 대비해야 한다.

세계화는 사람과 물건의 국가 간 교류에 국한된 것이 아니라 지식과 생각의 국가 간 교류, 문화의 공유, 문명사회의 공유, 지구환경운동의 공유 등이 포함된다. 그러나 세계화에서 논의하는 과제는 주로 상품, 서비스, 자본, 근로자의 국가 간 자유로운 이동 등이다. 이러한 이동을 통해 세계 많은 나라가 경제적 통합에 한 발씩 다가서고 있다. 세계화의 가장 큰 희망은 지구촌 사람 모두가 더불어 잘 사는 것이다. 이것은 후진국도 선진국에 수출할 수 있고, 외국인 직접투자 유치를 통해 과거에는 생산할 수 없었던 새로운 상품도 훨씬 싼 가격에 생산할 수 있게 된다는 것이다. 또한 외국에 가서 교육받을 수도 있고, 일자리를 찾아 자유롭게 외국에 나갈 수도 있으며, 외국에서 번 돈을 고국으로 자유롭게 송금하거나 외국 기업에 투자할 수도 있다는 말이다.

따라서 세계화는 이론적으로는 개발도상국이나 선진국에 엄청난 혜택을 가져다 줄 수 있는 잠재적 가능성이 매우 크다. 그러나 실천면에서는 이러한 잠재적 가능성을 따라가지 못하고 있다. 세계화는 지구촌 사람에게 희망을 가져다 주는 것이 사실이다. 그러나 노벨 경학상 수상자인 조지프 스티글리츠(Joseph E. Stiglitz) 교수는 "가장 핵심적인 문제는 세계화를 실천하고 경영하는 방법에 있다." 라고 주장하고 있다.

세계화 과정에서 게임 법칙을 공평하게 적용하지 않고 선진국에는 유리하게 적용하고 개발도상국에는 불리하게 적용하는 것이다. 그렇다면 현재의 게임 법칙으로도 세계화가 개발도상국에게 실질적인 이익을 가져다 줄 수 있을까? 1990년대 세계화의 주요 과제는 주로 경제개발에 관련된 것이었다. 그런데 2000년대 초반에 들어서면서부터는 빈곤퇴치, 인권 문제, 공정한 무역질서 등으로 변해 가고 있다.

예컨대 스위스 다보스에서 매년 개최되는 '다보스 포럼'이라 불리는 '세계경제포럼(World Economic Forum)'이 있다. 여기에서도 공정한 게임 법칙에 따른 국제무역에 대한 선진국과 개발도상국 사이의 견해 차이가 아직도 크게 나타나고 있다. 1999년 12월 미국 워싱턴 주 시에틀에서 세계화의 촉진을 위한 무역자유화에 대한 대토론이 이루어졌다. 그런데 이때 처음으로 세계화에 반대하는 운동이 벌어졌다. 저렴한 중국 상품의 자유로운 수입 때문에 미국의 공장 근로자들은 일자리를 잃게 될까 봐 걱정인 반면에 개발도상국의 농민들은 미국으로부터 수입되는 값싼 옥수수 때문에 일자리를 잃게 될까 봐 걱정이었다. 환경주의자들은 세계화는 우리의 자연자원 유산의 보전을 해친다고 주장한다. 문화유산의 보호를 원하는 사람들 역시 세계화의 진행을 원치 않고 있다. 그들은 세계화가 지구촌 모두에게 혜택을 줄 수 있다는 설명을 믿지 않는다.

선진국은 세계화의 혜택을 가장 많이 누리고 있지만, 선진국 내에서도 세계화 때문에 손해를 보는 사회계층이 분명히 존재한다. 결국 세계화는 지구촌의 삶을 윤택하게 만들기는 하지만 선진국과 개발도상국 간에 그리고 대기업과 중소기업 간에 기능인력과 지식인력 간에 소득격차를 심화시키는 부작용을 일으키고 있다. 이것은 윤리적으로나 정치적으로나 받아들이기가 아주 어렵다. 따라서 세계화로 인해 이러한 부작용이 계속 존재한다면 세계화가 지속되기는 어렵다는 것이 조지프 스티글리츠 교수의 주장이다.

세계화의 5가지 문제점, 우리도 글로벌 리더가 될 수 있다

세계화를 추구하는 기관인 사회위원회가 2000년대 초에 세계 70개 국을 대상으로 세계화와 관련된 조사를 실시했다. 이 위원회는 세계 인구의 약 60%가 소득 불평등이 점차 심화되는 나라에 살고 있다고 주장했다. 반면 세계 인구의 5%는 소득 불평등이 줄어드는 나라에서 살고 있다고 보고했다.

세계화로 인해 가장 산업화된 선진국에서도 부자들은 더욱 부자가 되는 반면에 가난한 계층은 상대적으로 더 가난해지는 경향을 보이고 있다고 보고했다. 따라서 세계화가 한 나라의 경제성장을 촉진시키는 데는 큰 도움을 주지만, 그 혜택이 모든 국민에게 자동적으로 골고루 분배되는 것은 아니라는 결론이다. 이 위원회는 세계화에 대해 다음과 같은 5가지 문제점을 제기했다.

첫째,　세계화의 이득은 세계적으로는 선진국과 개발도상국 간에, 국내적으로는 부유층과 저소득층 간에 공평하게 분배되지 않고 있다. 세계화가 선진국의 입맛에 맞게 진행됨으로써 개발도상국의 이익이 거의 무시되어 세계화의 가속화가 오히려 가난한 나라를 더욱 가난한 나라로 몰아넣고 있다.

둘째,　세계화의 물질만능주의는 인간 삶의 존엄성과 환경문제를 등한시하는 경향이 있다.

셋째,　세계화의 가속화는 개발도상국의 의사를 무시하고 개발도상국 스스로 결정해야 하는 능력까지 무시하는 이른바 민주주의를 무시하는 결과를 초래하고 있다.

넷째,　세계화의 가속화가 인류 모두에게 경제적인 풍요를 가져다 줄 것이라고 주장하지만 선진국이든 개발도상국이든 그 생활이 오히려 더욱 궁핍해지는 계층이 상당히 존재한다.

다섯째, 세계화는 개발도상국의 모든 조직과 제도 그리고 경제 정책과 문화면에서 미국화를 의미하므로 개발도상국의 불만 원인이 될 수 있다.[1]

따라서 우리는 세계화의 긍정적인 면을 극대화하는 반면, 세계화의 부정적인 면에 대해서는 적극적으로 대응해야 한다. 글로벌화의 긍정적인 조류와 부정적인 각종 불균형 문제에 대하여 우리나라는 과연 어떻게 대응해야 할 것인가에 대해 심각하게 고민해야 할 때이다. 윤리에 바탕을 둔 실천적 대응방안의 모색이야말로 세계화 과정에서 한국의 위상을 높이고 글로벌 리더로 성장하는 데 필요한 결정적인 요인이다.

우리나라는 어떻게 해서 최빈국에서 세계 13번째 경제대국으로 성장할 수 있었는지에 대한 노하우도 가지고 있다. 2010년 11월 G20 정상회담 이후 많은 개발도상국이 한국에 대한 기대가 큰 것으로 보도되고 있다. 우리는 인간애와 윤리적 가치관에 입각하여 개발도상국을 진심으로 도와주어야 한다. 세계화로 인한 어두운 부분을 밝게 만드는 '실천력'을 발휘할 때이다. 그렇게 함으로써 우리나라가 세계적 리더로 발돋움할 수 있지 않을까? 이 책을 읽는 젊은이들은 어떠한 글로벌 인재가 되고 싶은가? 부모들은 자녀들이 어떠한 글로벌 인재로 성장하기를 바라는가?

2장
지식기반 및 문화기반 경제로의
빠른 전환 트렌드

지식기반 및 문화기반 경제는 ① '원천기술' 중심의 첨단기술산업(정보기술, 생명공학, 나노 중심의 소재, 에너지, 항공우주 등), ② 지식기반 서비스산업(물류, 금융, 회계, 컨벤션, 관광, 법률 등), ③ 문화·예술기반 창조산업(미술, 디자인, 패션, 음악, 영화, 공연, 건축 등)을 의미하며, 차세대 우리나라의 '신성장 동력 산업'으로 선택·육성해야 할 산업이다.

지식기반경제에서는 지식이 부의 원천이다. 그 이유는 지식이 가장 중요한 생산수단이기 때문이다. 따라서 지식기반경제에서는 지식노동자가 그 사회나 국가를 이끄는 집단으로 부상할 것이다. 지식기반경제의 핵심 특징은 정보통신기술(IT)의 급속한 발전과 첨단 '원천기술'의 빠른 개발 그리고 첨단기술과 문화가 융합되어 창출되는 이른바 '하이텍처(Hi-tech-ture)산업'의 빠른 확산이다.

첨단산업, '원천기술' 개발과 '융합'의 확산

첨단산업의 키워드는 '원천기술' 개발과 융합(convergence)의 확산이다. 융합이란 서로 다른 전문 분야 간의 지식과 문화를 혼합하여 새로운 가치가 폭발적으로 창조되는 현상을 말한다. 그리고 서로 다른 조직 간의 지식과 문화의 융합도 같은 결과를 초래할 수 있다. 앞으로 선진국에서는 지식기반 및 문화기반 산업에서 지속적인 융합이 이루어져 발전 속도가 가속적으로 빨라질 것으로 전망된다.

선진국에서는 지식을 기반으로 하는 연구관련 기관들이 집적(集積)되어 있는 R&D 클러스터를 조성하여 '원천기술' 주도 경제로 급속히 전환하고 있다. 정보통신기술이 아날로그에서 디지털로 변화됨에 따라 디지털 분야의 융합된 IT산업이 그 영역을 넘어 타 산업으로 급속히 확산되고 있다. 과거에는 IT산업 내에서의 기술과 기술 사이, 제품과 제품 사이에 융합이 이루어지는 것이 보편적인 현상이었다. 그러나 이제는 IT산업과 타 산업 간의 전면적인 융합으로 확산되고 있다.

IT산업을 축으로 전개되는 산업 간 융합은 산업발전의 새로운 패러다임으로 부상하고 있다. 그동안 큰 변화의 흐름에서 볼 때 20세기 전반의 '산업화사회'에서 20세기 후반에는 정보혁명으로 인하여 '정보화사회'로 전환되었다. 그후 21세기 전반에는 융합혁명을 통해 '유비쿼터스(Ubiquitous)사회'와 '생명공학 주도 사회'로 전환되고 있다. 따라서 향후 세계경제의 성장 동력 산업은 IT와 BT(biotechnology), NT(nanotechnology), 항공우주, 환경 및 에너지산업 등이다. 이 산업은 첨단산업 지식이 고도로 집적된 이른바 지식기반산업이다.

최근 첨단산업의 특징은 서로 다른 산업과의 융합을 통해 그동안 넘지 못했던 기술적 한계를 극복하는 것이다. 이러한 현상은 기존 선진국의 경제·사회·정치에 충격적인 변화를 가져올 것이다. 이러한 충격은 세계화의 중요한 과제로 등장할 것이다.

융합화가 가장 활발한 분야는 첨단기술 분야이다. 그러나 기존 전통 산업과 IT산업의 융합이 계속되어 기존 산업의 생산성을 크게 향상시키는 동시에 새로운 산업 분야도 탄생하고 있다. 첨단기술의 경우, BT 기술과 NT 기술 사이에 융합이 이루어져 각 기술영역 간의 경계를 넘는 기술혁신이 가속화되어 새로운 형태의 융합기술과 융합 서비스가 나타나는 것이 특징이다.

지식기반서비스산업의 성장[2]

지식기반서비스산업이 빠른 속도로 발전하고 있다. 예컨대 21세기의 물류는 수송업이 아니라 정보기술에 크게 의지하고 있는 지식기반서비스산업이다. 물류산업은 화물 운반 및 배달과 같은 낙후된 저소득산업으로부터 첨단정보기술산업으로 완전 변신한 좋은 예이다. 페덱스(Fedex)사의 경우 총매출액 중 IT와 관련되지 않은 매출액은 5%에 불과하다고 한다.

앞으로는 지식기반서비스산업의 비중이 점차 커질 것이며 그 비중이 선진화의 척도가 될 것이다. 그런데 우리나라 국민소득에 따르면 1970년 이후 제조업과 지식기반서비스산업의 비중은 상승한 데 비하여 기타 산업의 비중은 하락했다.

제조업의 구성비는 1970년 17.8%에서 2004년 28.7%로 상승했다. 또한 지식기반서비스산업은 같은 기간 중에 8.9%에서 25.9%로 크게 상승했다. 반면 기타 서비스산업은 같은 기간에 35.8%에서 29.1%로 하락했고, 농수산광산업은 31.0%에서 4.0%로 크게 하락했다.

고용비중의 경우 제조업은 1993년 31.7%에서 2003년 23.2%로 하락한 반면에 지식기반서비스산업은 같은 기간 중 16.7%에서 22.1%로 상승했고, 기타 서비스산업은 45.3%에서 49.1%로 조금 상승했다.

지식기반서비스산업을 부문별로 살펴보면 사업서비스 부문(기업생산을 지원하는 각종 서비스)은 고용비중이 2.9%에서 6.3%로 크게 상승했다. 교육 부문은 5.3%에서 7.3%로, 의료업 부문은 2.0%에서 3.0%로 각각 상승했다. 반면 금융·보험 부문에서는 5.7%에서 4.1%로 그 고용비중이 크게 하락했다. 이는 금융·보험산업이 빠른 속도로 전산화됨에 따라 고용인력의 비중이 하락했기 때문이다.

지식기반서비스산업 부문이 국민총생산에서 차지하는 비중이 2003년 미국이 34.1%, EU 평균이 29.7%인 데 비해 우리나라는 25.9%로 아직도 낮다. 특히 교육, 의료, 비즈니스서비스 부문의 비중이 EU 평균은 11%인 데 반해 우리나라는 7.6% 수준으로 크게 낮다. 우리나라 서비스산업의 생산성을 2002년 한국을 100으로 볼 때 미국이 216.9, 이탈리아가 198.2, 프랑스가 190.5 등으로 선진국의 1/2 수준에 불과하다. 광고산업의 경우 영국의 세계적 광고회사인 WPP그룹의 연매출액이 2004년에 57.8억 달러, 고용이 약 5만 명인 데 비하여 우리나라 광고회사 중 규모가 제일 큰 (주)제일기획은 연매출액이 3.6억 달러, 고용이 737명이다.

컨설팅 기업의 경우 2004년 IBM BCS의 컨설턴트 수가 4만 명, 연매출액 규모가 17조 원인 데 비해 국내 최대 컨설팅 회사인 엔트루컨설팅은 컨설턴트 수가 180명 수준에 그치고 있다. 또한 세계적인 컴퓨터 관련 서비스 기업인 미국의 EDS의 연매출액이 210억 달러, 고용인력이 13만 7000명인 데 비해, 한국 최대기업 삼성 SDS의 경우는 연매출액이 14억 달러, 고용 인원이 7,000명 수준이다.

우리나라 지식기반서비스산업의 가장 큰 문제는 첫째, 교육 및 의료서비스산업의 성장이 매우 늦다는 것이다. 주 원인은 대외개방이 늦어져 국내 교육·의료산업의 경쟁의식이 약하기 때문이다. 둘째, 기업의 영세성이다. 셋째, 공급 중심의 서비스 제공이다. 넷째, 전문인력의 부족이다. 지식기반서비스산업이 크게 성장하면 지식근로자의 수가 증가함과 동시에 고소득자의 수가 증가하고 삶의 질을 높일 수 있음을 의미한다. 특히 우리나라 교육·의료·비즈니스서비스산업의 비중이 외국에 비해 낮다는 것은 이들 산업의 성장·발전 가능성이 크다는 것을 의미한다.

교육산업[3]의 성장

우리나라 초·중·고등학교 학생수는 2003년 현재 800여 만 명이며 대학생을 포함하면 1200만 명이다. 여기에 교사 및 교수가 55여 만 명이다. 전체 인구의 1/4을 훨씬 넘는다. 우리나라 직접 교육비는 2003년 국민총생산의 약 6.4%였다.

스위스경영대학원(IMD)의 2001년 보고서에 따르면 한국은 고등교육 이수율이 세계 49개국 중 5위이다. 그러나 고등교육의 질적 지표인 대학교육의 효율성 지표는 47위로 최하위 수준이다. 이는 한국의 고등교육의 질적 수준이 매우 낮음을 의미한다. 고급인력에 대한 사회적 수요는 많으나 자격을 갖춘 유능한 고급 두뇌인력이 모자란다는 말이다. 그런데 대졸 실업자는 증가하고 있다. 이것은 무엇을 의미하는 현상일까?

한국의 최우수 대학들은 경쟁대상이 없다. 어차피 최우수 학생들은 국내 최우수 대학을 지원하게 되어 있다. 교육산업에 경쟁이 없다면 교육 서비스의 경쟁력도, 교육 서비스의 질도 향상되기 어렵다. 따라서 정부는 선진국의 우수 대학 및 대학원 유치를 적극 지원해야 한다. 그 이유는 우리나라 최우수 대학을 업그레이드하려면 선진국의 최우수 대학을 유치하여 서로 경쟁하도록 유도하는 것이 가장 효과적인 방법이라 여겨지기 때문이다.

그러나 선진국의 우수 대학일수록 교육환경이 전혀 다른 나라에까지 확장하여 대학(학부 과정)을 설립하는 것을 주저한다. 그 이유는 외국에 확장하여 대학을 설립한 경험이 없고 재정상 어려움에 봉착할 수도 있기 때문이다. 더군다나 대학 학부의 경우 일부 교양학부가 참여해야 학위 과정을 개설할 수 있는데, 복잡한 교양학부의 프로그램을 해외에 개설하려면 제한된 학생수로는 재정적인 타당성을 유지하기가 어렵기 때문이다.

의료서비스산업[4]의 성장

의료 서비스 제공 체계는 각 나라의 형편과 역사에 따라 형태가 다양하다. 대부분 공공 의료기관, 민간 비영리 의료기관, 민간 영리 의료기관으로 구분할 수 있다. 이들의 상대적 중요성은 나라마다 다르다. 예컨대 영국, 캐나다, 북유럽 국가는 대부분 의료 서비스를 공공 의료기관이 담당하고 있다. 미국의 경우는 대부분 민간 비영리 의료기관이 담당하며 약간의 영리 병원이 있다. 한국의 경우 공공 의료기관의 비율이 매우 낮다. 한국은 18%인 데 비하여 일본 36%, 미국 33%, 프랑스 65%, 캐나다 99%, 영국 96%이다. 우리나라는 의사들에 의해 설립되고 경영되는 개인병원이 대부분이다. 현재 영리 법인병원은 허용되지 않는다.

의료 서비스 환경은 계속 변한다. 특히 인구 고령화가 빠르게 진행되고 있다. 우리나라도 고령화사회(노인인구비율 7%)를 지나 2019년에는 고령사회(14%), 2026년에는 최고령사회(20%)가 될 것으로 전망된다. 이는 출산율 감소와 기대수명이 늘었기 때문이다. 따라서 의료 서비스도 노인층의 만성 퇴행성 질환에 대한 수요가 계속 늘어날 것이다. 또한 장기 요양 체계의 확립이 필요할 것이다. 일반적으로 소득이 증가하면 의료 서비스에 대한 전반적인 수요가 증가하는 동시에 수요의 유형도 고급화, 다양화된다. 생명과 관련된 의료 서비스뿐만 아니라 삶의 질과 관련된 의료 서비스 수요도 확대되고 있다.

제조업 분야에서는 정보화와 기술 고도화에 따라 고용 효과가 미미해지고 있는 반면에 의료 서비스 산업은 노동 집약적이므로 고용창출 효과가 매우 크다. 현재는 의료서비스산업의 고용비중이 2003년 기준으로 약 3.3%(44만 명)에 불과하지만 인구 노령화에 따른 장기 요양 서비스에 대한 수요의 증가로 의료산업 고용비중이 증가할 전망이다.

우리나라 의료산업의 가장 큰 문제는 의료인력에 대한 경직적인 면허제도이다. 또한 영리법인 병원이 금지되어 있어 의료서비스산업은 진입장벽이 매우 강력하다. 이는 의료서비스산업의 공공성과 형평성의 의미를 지나치게 강조한 것이다. 영리 병원의 금지는 의료 서비스 산업에 대규모 자본이 유입되는 데 장애요인이 되고 있다. 이는 공급자 중심(병원 중심)의 의료 체계와 불투명하고 후진적인 의료 서비스 경영 개선을 저해하고 있다.

문화·예술 기반 창조산업의 성장[5]

문화·예술 기반 창조산업은 21세기 경제의 중요한 산업으로 부상하고 있다. 이 용어는 불과 15년 전에 영국에서 가장 먼저 사용한 것으로 당시 침체된 영국 경제에 새로운 활력을 불어넣는 중요한 역할을 했다. 그 후 계속 발전하고 있다.

먼저 영국은 창조산업(creative industry)을 개인의 창의성, 기술, 재능 등을 이용해 지적 재산권을 만들고 이를 상업적으로 활용하여 부가가치와 고용을 창출하는 모든 산업활동으로 정의한다. 그리고 창조산업에 광고, 건축·설계, 미술품 및 골동품, 수공예, 디자인, 영화, 게임 및 교육용 소프트웨어, 음반, 공연예술, 출판, 텔레비전과 라디오 방송 등을 창조산업에 포함시키고 있다.

한편, 미국은 최근 정보 서비스의 중요성을 반영하여 출판, 영화, 음반, 방송 및 통신, 정보 처리 서비스 등을 정보산업으로 분류하여 문화산업의 정보 콘텐츠[6, 7] 추세를 반영하고 있다. 이와는 별도로 미국의 지적재산권연맹(International Intellectual Property Alliance)은 저작권 산업에 신문, 잡지, 서적출판, 라디오 및 텔레비전 방송, 케이블 TV, 녹음 및 테이프, 영화, 광고 및 컴퓨터 소프트웨어, 데이터 처리 등을 포함시켜 저작권산업과 문화산업의 긴밀한 관계를 나타내고 있다.

21세기를 맞이하여 문화산업이 새롭게 강조되는 또 하나의 중요한 요인은 경제환경의 변화라고 할 수 있다. 흔히 21세기를 정보화시대 또는 지식사회라고 한다. 정보통신기술이 발달함에 따라 세계화 및 정보화사회로 빠르게 전환되고 있다. 정보·지식·문화와 같은 인간의 지적 요소가 고부가가치를 창출하는 새로운 핵심 생산요소로 부상하고 있다. 21세기 경제환경의 변화는 새로운 경쟁원리를 창출한다. 20세기 산업사회는 3대 생산요소인 노동, 자본, 토지의 양적 가치와 기술 수준이 경쟁력을 결정했다. 반면에 21세기의 지식·정보화사회에서는 인간의 창의성과 지적 가치가 경쟁력을 결정할 것이다. 이러한 인간의 지적 능력과 창의성은 문화가 발달할 때 더욱 계발될 수 있기 때문에 앞으로는 모든 경제활동에서 문화요소가 더욱 중시되어야 한다.

문화산업 후발국들은 단지 선진국에서 개발되고 상품화된 문화상품을 일방적으로 향유하는 소비시장으로 전락할 가능성이 크다. 더욱이 최근 들어 상업 위성방송 서비스나 인터넷 등 국경을 초월하는 전송수단이 광범위하게 확산되고 있다. 이 같은 추세는 경제적인 의미를 넘어서 자국의 문화체계가 본질적으로 변질되고 나아가 문화적 정체성의 상실을 가속화시킬 우려가 있다.

이런 의미에서 지금까지는 문화적 중요성만 강조하는 데 치우쳐 왔던 기존의 문화정책을 문화산업의 경제적·기술적 측면을 동시에 고려하는 이른바 '종합적인 문화정책의 수립'이 절실히 요구되는 시기이다. 최근 우리의 문화가 한류를 통해 일부 세계화가 이루어지고 있다. 한류를 보다 장기적이고 포괄적인 관점에서 접근하여 문화대국으로 발전할 수 있는 계기를 찾아내야 한다.

창조산업, 경제성장의 원동력

창조산업은 최근 들어 선진국뿐만 아니라 개발도상국에서도 경제성장의 주요 원동력으로 주목받고 있다. 각국의 정책수립자들은 보다 면밀한 관찰을 위해 통계적 접근을 시도하고 있고, 학술적으로도 국제적인 논의가 빈번하게 진행되고 있다. 그 이유는 창조산업이 그 사회의 창의력을 배양하고 국가경쟁력에도 큰 도움이 된다는 점이 설득력을 얻고 있기 때문이다. 또한 동아시아권 국가의 창조산업에 대한 정책적 관심은 수년 전부터 매우 두드러지고 있다. 왜냐하면 세계에서 중상위 소득권에 속하는 나라의 경제 구조가 점차 지식 기반 체제로 전환되고 있기 때문이다.

이러한 창조산업에 대한 경제적 배경은 우리나라에도 동일하게 적용될 수 있다. 향후 우리나라 경제가 후발 경쟁국의 추격을 따돌리고 선진 경제로 도약하는 데에는 창조산업의 역할이 중요하다. 이러한 맥락에서 창조산업은 점차 다양화되어 가는 소비자 수요에 적절하게 대응하는 데 큰 도움이 될 것이다. 창조산업은 우리나라 전통 제조업의 부가가치를 제고하는 동시에 단순한 노동과 자본이 중심이 되는 전통 서비스업을 고부가가치형으로 전환하는 데 필요한 수단이 될 수 있을 것이다.

한편, 창조산업에 대한 정부 차원의 논의는 1997년 영국의 노동당 정부가 국부의 새로운 원천으로 창조산업에 대한 정책을 수립하면서 시작되었다. 그 후 선진국과 후진국은 물론 국제기구에서도 창조산업에 대해 활발하게 논의되고 있다. 최근 주요국이 조사한 자료에 따르면 창조산업은 다른 어떤 경제 부문보다 성장률이 높다. 영국과 미국의 경우 고용과 소득 면에서 여타 부문에 비해 두배 정도 빠르게 성장했다. 선진국의 서비스 부문은 여타 부문에 비해 고용과 부가가치면에서 매우 중요시되고 있다. 최근에는 경제성장률에 대한 기여도가 더욱 높아지고 있다.

OECD 회원국의 서비스 수요의 증가속도는 대체로 소득증가율보다 높게 나타나고 있다. 이러한 성향은 세계 경제가 확장되면서 서비스 경제 비중이 점차 커질 것을 예고하고 있다. 서비스업에 속해 있는 창조산업은 1990년 이후 여타 서비스업종에 비해 매출신장률이 두 배 이상 높고, 제조업보다 네 배 빠른 속도로 확대되고 있다.

미국은 1997년 4,140억 달러 규모(경제규모의 약 5%)의 서적, 영화, 음악, TV 프로그램, 기타 저작권 상품을 생산했다. 영국은 음악산업만으로도 자동차, 철강, 섬유산업을 합친 것보다 더 많은 고용과 소득을 창출한 것으로 분석되었다.

창조산업의 경제적 역할은 최종 소비재로도 중요하지만, 전통 제조업과 서비스산업의 중간 투입요소로도 그 역할이 점차 증대되고 있다. 가령, 디자인은 패션산업에 필수요소이고, 건축 양식은 건설산업에 반드시 필요한 투입요소이다. 또한 광고는 날로 치열해지는 경쟁적 산업사회에서 투입되어야 할 보편적인 생산요소가 되고 있다.

창조산업 활동의 효과

세계 최대의 창조산업 국가는 미국이다. 미국의 경제성장률이 1977년 부터 1997년까지 평균 2.7%인 데 비하여 미국의 창조산업은 이보다 월등히 높은 6.3%의 높은 성장률을 기록했다. 미국의 창조산업에서 가장 큰 분야인 R&D(연구개발)와 소프트웨어는 각각 전 세계 시장의 45%와 63%를 차지하고 있다. 뉴미디어 분야도 세계 시장을 거의 지배하고 있는 것으로 파악되고 있다. 창조산업 부문의 고용규모가 미국은 1998년 400만 명으로 조사되었는데, 이는 전 세계 창조산업 고용인력의 거의 절반인 45%이다. 동아시아 국가인 일본, 홍콩, 싱가포르 등의 창조산업 고용인력은 세계 창조산업 고용의 3~6%에 이르는 것으로 추정되고 있다.

특히 동아시아 국가의 창조산업은 향후 국가경제에 미칠 잠재력에 크게 주목받고 있다. 선진국의 경우 창조산업은 도시의 중산층이 두터워질 때 빠르게 성장했다. 최근 조사된 동아시아 주요국의 창조산업 성장률을 비교해 보면, 2000년 미국이 전년 대비 7.8% 성장한 반면, 싱가포르, 홍콩, 대만 등은 각각 3.0%, 3.8%, 5.9% 성장했다. 이 동아시아 국가에서 현저한 성장을 보인 업종은 디자인, 소프트웨어, 영화제작, 컴퓨터 게임, 출판 등이다. 제조업이 채산성 악화로 도시 외곽으로 입지가 이동했고, 제조업체가 있던 자리에 창조산업 클러스터가 형성되고 있다.

1990년대부터 경제 강국으로 성장하고 있는 동아시아 국가는 지금까지의 성장 패턴이 인력과 자원의 양적 투입에 따른 것이었다. 그러나 앞으로는 창의성과 기술혁신 등에 따른 혁신 주도형 성장전략으로 전환해야 할 때가 왔다고 인식하고 있는 것 같다.

	전 세계	미국	미국 비중(%)	영국
광고	50	22	44.0	9
디자인	154	55	36.0	30
영화	63	19	30.0	3
음악	77	28	36.0	7
TV/라디오	215	90	42.0	9
출판	558	151	27.0	18
R&D	600	568	45.0	23
소프트웨어	539	358	66.0	62
컴퓨터 게임	19	6	32.0	1
공연예술	44	8	18.0	2
건축	44	19	43.0	2
완구/놀이도구	61	23	38.0	2
공예	22	2	9.0	1
미술품	10	4	40.0	3
전체	2,456	1,058	43.0	173

자료 : *The Creative Economy, International Intellectual Property Alliance, UK Creative Industries Mapping Document.*

미국이나 영국, 북유럽 여러 나라의 경험에 비추어 볼 때, 창조산업과 관련된 경제활동은 주로 벤처 자본, 법률 서비스, 마케팅, 광고 서비스, 인력조달지원 서비스 활동 등에 의존한다. 따라서 창조산업이 발달하려면 비즈니스서비스산업의 활성화를 위한 다양한 방안이 강구되어야 한다.

영국의 창조산업 분석에 따르면 창조산업은 대부분 극소수의 창의적 인재에 의한 미세업체이다. 그리고 이들 업체와 관계된 많은 비정규직 인력의 경제활동으로 구성되어 있다. 특별한 정책적 고려가 필요한 산업이다. 또한 창조산업도 여타 산업과 마찬가지로 특정한 지리적 공간을 중심으로 클러스터를 형성하면서 성장하는 것으로 알려져 있다. 이에 대한 정책적 배려도 필요하다.

미국을 비롯한 선진국은 개인의 창의적 역량을 어떻게 제고할 것인가, 국가경쟁력에 어떤 방식으로 기여할 것인가, 창의성의 산물인 지적재산권의 활용을 통해 국가산업 전반의 경쟁력을 어떻게 높일 것인가 등에 정책의 초점을 맞추고 있다.

우리나라는 지난 1999년부터 문화산업을 국가정책의 주요 과제로 삼고 문화산업 진흥을 위해 필요한 정부조직 개편, 법제도 정비, 산하기관 신설, 예산증액 등 다양한 지원을 진행하고 있다. 다시 말해, 우리나라의 문화산업 정책은 기본적으로 "문화와 예술 분야에서 창작되거나 상품화되어 유통되는 모든 단계의 활동"이라고 규정하고 있다. 이러한 문화산업의 개념 정의에 따라 문화와 예술 행위의 영리화에 주력하고 있다. 따라서 창조산업과 문화산업의 범위가 중복되는 면이 많다고 해도 지금까지의 문화산업 관련 정책은 최근 미국이나 일본 등 선진국에서 사용하는 창조산업의 정책방향과는 시각 차이를 보이고 있다.

이러한 관점에서 볼 때, 향후 정부의 정책방향은 문화적 창의성에서부터 기술적 창의성을 주도하는 창조계급에 대한 국가 차원의 관심과 대책 마련이 필요하다. 그러려면 우선 창의적 인력을 국내에서 어떻게 길러내느냐에 대한 문제의식과 함께 해외로부터 유

입될 수 있도록 하는 제도와 물리적 환경조성이 필요하다. 또한 개
인의 창의성이 상업적으로 구현되는 지적재산권의 보호, 생산 그리
고 여타 영역에서의 활용 극대화를 통한 산업 전반의 고부가가치화
와 경쟁력 제고에 힘써야 할 것이다.

3장

중국·인도 경제의 고속성장 트렌드

중국과 인도는 앞으로 세계 경제 체제에 일대 변혁을 가져올 것으로 예상된다. 이는 인구 14억의 거대 중국 경제와 인구 10억의 거대 인도 경제가 급속히 부상하고 있기 때문이다. 중국과 인도는 이제 세계 경제의 새로운 주역으로 등장한 것이다. 중국과 인도의 빠른 경제성장과 변화가 우리에게 어떤 영향을 미칠 것인가?

중국의 빠른 경제성장, 기회인가 위협인가

중국 경제는 1978년 개혁개방 이후 연평균 약 10%의 빠른 성장을 기록하고 있다. 특히 1997년 아시아 외환위기 이후 중국의 위상은 더욱 강화되고 있다. 21세기를 맞이하면서 중국은 정치·군사적 측면에서뿐만 아니라 경제적으로도 세계 경제의 한 축으로 영향력을 과시하고 있다. 따라서 중국의 잠재 생산 능력의 증대와 시장 규모의 확대는 가공할 만한 것이 될 것이다. 이는 전 세계의 달러를 흡수하는 블랙홀이 될 수도 있다. 2008년 미국발 금융위기에도 2009년 중국의 경제성장률은 9.2%에 달했다. 참으로 놀라운 경제성장이다. 같은 해 미국, 일본, 한국의 경제성장률은 각각 −2.6%, −6.3%, 1.5%를 기록하는 데 그쳤다(자료출처: 한국은행).

중국은 2010년 3/4분기에 국내총생산 규모가 일본을 앞질러 세계 2위로 부상했다. 2009년의 경우 미국과 중국의 세계 경제 비중은 각각 약 25%와 8%였다. 그러나 2030년이 되면 중국이 24%, 미국이 17%로 역전될 수도 있다는 전망이 있는 반면, 글로벌 인사이트는 2039년 중국의 세계경제 비중이 17.1%로 미국의 20.8%에 상당히 접근할 것으로 전망했다. 중국 경제는 우리나라의 최대 파트너가 되었다. 우리나라의 최대 수출 및 투자국으로 부상했다. 우리나라는 수출이 총경제규모의 약 45%를 차지하고 있다. 우리나라 경제성장의 중요한 동력이다. 그런데 우리나라 총수출의 1/4을 중국으로 수출하고 있다. 한편 2009년의 경우 중국은 세계 수출 시장 점유율 1위를 차지하고 있다. 과거에는 중국과 한국 경제구조가 서로 보완관계였다. 최근 중국 경제가 빠르게 성장함에 따라 중국의 경제구조가 한국과 비슷하게 발전하고 있다. 따라서 세계 수출시장에서 한국 경제와 중국 경제는 보완관계에서 점차 경쟁관계로 바뀌고 있다.

중국의 제12차 경제개발 5개년 계획은 기술 향상을 통한 제품의 고급화와 고급인력의 양성을 강조하고 있다. 따라서 중국은 향후 10년간의 변화가 지난 10년보다 더 클 것으로 예상된다. 과거의 중국 경제 발전이 '양적 성장 위주'였다면 향후 10년은 '질적 성장 위주'가 될 것으로 예상된다. 중국정부는 제12차 5개년 계획의 핵심목표를 경제 대국에서 경제 강국으로의 전환을 설정했다. 따라서 우리나라 경제에 미칠 영향이 더욱 커질 것이며 중국과의 경쟁도 더욱 심화될 것이다.

중국과학원의 2009년 전략 보고서에 따르면 2010~2020년의 연평균 경제성장률을 약 8.4%로 보고 있다. 최근 국무원의 발전 연구 중심도 모든 경제발전방식을 효과적으로 개선해 나간다는 전제하에 연평균 경제성장률 역시 8.4%로 전망했다. 미국 달러로 환산하지 않고 중국 화폐로 실질적으로 구매할 수 있는 상품의 양으로 추산한다면 중국의 경제규모(GDP)가 2015년이 되면 세계 1위가 될 것으로 전망된다. 또한 발표논문, 특허 신청 건수, 컴퓨터 사용자 수, 인터넷 사용자 수, R&D 지출경비 등을 고려한 과학기술 실력에서도 2005년에 이미 세계 3위권에 진입했다. 2015년이 되면 세계 2위권에 진입할 전망이다.

중국의 개혁개방 이후 대중국 외국인 직접투자(Foreign Direct Investment, FDI)는 큰 폭으로 증가했다. 투자재원과 생산기술의 확보라는 측면에서 중국의 외국인 직접투자는 경제발전에 절대적으로 중요한 역할을 담당하고 있다. 1983년 외국인 직접투자가 약 6억 달러에 불과했으나 2010년에는 사상 최초로 1,000억 달러를 돌파하였다. 또한 중국의 해외투자도 본격적으로 증가하고 있다. 자원과 첨단 기술을 획득하고 시장을 확보하기 위해 중국의 해외투자 규모는 매년 급증하고 있다. 2000년 10억 달러에 불과하였던 해외투자액은 2010년 590억 달러로 증가하였다.

중국은 최근 빈부격차가 사회문제로 부상하고 있다. 이에 대응하여 한편으로는 고용안정정책에 역점을 두면서 다른 한편으로는 각종 사회보장제도를 강화하여 노동자들의 삶의 질 향상에 역점을 두고 있다. 노동자의 장기 고용 의무와 의료보험 및 양로보험의 개선 등이 바로 그것이다. 또한 최저생활보호대상자에 대한 지원도 강화하고 있다.

중국의 임금이 최근 10년간 매년 두 자릿수(평균 15% 내외)의 높은 상승률을 기록했다. 더욱이 5대 보험 및 주택 관련 부담금을 합치면 임금의 66%에 달한다. 그중 44%는 기업이 부담하고 22%는 개인이 부담한다. 따라서 기업의 실질 노동비용은 임금 외에 약 44%의 부담금을 합쳐야 한다. 앞으로도 중국 경제가 높은 경제성장을 지속하고, 소득격차에 따른 사회적 압력이 존재하는 한 임금의 빠른 상승은 지속될 것이며 사회보장 관련 기업 부담도 늘어날 것이다.

중국 경제, 내수 주도 경제로 전환하는가

중국은 개혁개방 이후 지난 30여 년간 수출 주도 경제성장을 지속했다. 수출이 경제에서 차지하는 비중도 매우 크다. 그러나 2008년 미국발 금융위기 이후 수출 의존적 경제성장에 대한 한계를 실감하게 되었다. 이에 따라 2011년부터 시작되는 제12차 경제개발 5개년 계획에서는 국내소비를 중심으로 한 내수 확대 전략을 강조하고 있다. 중국의 경제성장 단계로 보아도 소비자의 의식 변화가 불가피한 시점이라고 할 수 있다.

최근 중국은 생활필수품 소비단계에서 내구소비재 소비단계로 생활수준이 향상되고 있다. 앞으로 머지않아 중국이 생산 주도형 경제에서 소비 주도형 경제로 전환되어 소비대국으로 성장할 것으로 전망된다. 따라서 앞으로 10~20년간 중국 경제의 화두는 소비주도시대, 도시화시대(미국, 일본, 한국이 각각 76%, 78%, 80%), 저탄소경제시대, 시장경제로의 빠른 전환 등이 될 것이다.

중국에서도 최근 환경 및 에너지 문제의 심각성이 제기되고 있다. 기존 화석연료를 줄이는 방안에 대한 논의도 확산되고 있다. 양적 경제성장 위주에서 삶의 질을 중시하는 질적 경제성장 위주로의 정책 변화도 심각하게 논의되고 있다. 이를 위해 각 분야에서 과학기술 향상과 고급인력 양성을 위한 정책적 노력이 강화될 것이다. 따라서 중국은 모든 분야에서 정보화기술과 연구개발 부문에 역점을 둘 것이다.

이 모든 것을 감안할 때 향후 중국은 2020년까지 비교적 빠른 경제성장을 지속할 것이며, 1인당 국민소득도 크게 증가할 것이다. 이러한 소득 증대로 인하여 중국의 내수시장도 크게 확대될 것이다. 더욱이 전술한 바와 같이 중국 정부가 수출 위주의 경제성장에서 소비 위주의 경제성장 정책으로의 전환은 중국의 내수시장 확대에 크게 기여할 것이다. 여기에 더하여 임금의 지속적 인상 정책과 소득분배의 불평등을 해소하기 위한 각종 사회보장제도가 확충될 것이다. 따라서 일반 노동자와 농민층이 소비의 새로운 주체로 급부상할 것으로 예상된다.

빠른 도시화도 소비를 촉진하는 한 요인이다. 최근 중국에서는 노사분규가 자주 발생하고, 임금이 상승하고 있으며, 각종 노동 관련 법규가 강화되고 있다. 이에 따라 저임금 단순 노동 집약 경공업 위주의 중국 경제가 크게 도전받고 있다. 특히 중국의 인구 증가율이 저하되고, 중서부 지역의 경제개발에 따라 노동력 공급이 둔화되고 있다. 동북 연안의 기존 공업 지역에서는 저임금 노동력 부족 상태에 직면하고 있다.

중국의 소비자도 점차 고급화되어 고품질의 고가 제품을 요구하므로 중국의 생산구조도 이에 부응할 수밖에 없다. 이렇듯 고임금과 중국 화폐의 절상 압력(중국 위안화 환율 인상 압력)이 중국 저가 수출상품의 가격경쟁력을 약화시키는 가장 중요한 요인이 될 것이다. 따라서 중국의 새로운 수출정책은 단순 가공제품의 수출을 억제하는 동시에 수출상품의 고급화 정책을 강력히 추진할 것이다.

따라서 앞으로 중국은 세계 최대 소비시장으로 부상할 것이다. 이와 더불어 중국의 생산구조도 고품질, 고기능, 친환경, 저에너지 소모, 저자원 소모 제품으로 변화해 갈 것이다. 그러려면 저임금 노동 집약 경공업 제품에서 자본 및 기술 집약 제품으로 전환하여 중국의 산업구조를 점차 고도화해야 한다. 이런 산업구조의 변화는 공업화가 먼저 진행된 동북 연안 지역에서 이미 발생하고 있다. 이러한 변화는 앞으로 5~10년 후에는 중서부 지역으로 확산될 것이다.

2009년 한국의 대 중국 총 수출 중 부품 수출이 79.6%를 차지하여 가장 높은 비중을 차지했다. 반면 소비재의 비중은 2%에 불과했다. 그런데 독일, 미국, 일본의 대중국 소비재 수출 비중은 각각 12%, 9%, 6%이다. 한국은 다른 제조업 강국에 비해 소비재 수출보다는 중간재 위주로 중국에 수출하고 있다. 한국 기업들은 세계의 최대 소비시장이 될 중국의 소비시장에 대해 심도 있게 연구하여 대중국 소비시장 점유율을 높여 나가야 할 것이다.

중국, '대중화 건설'을 꿈꾸나

1980년 덩 샤오핑이 제시한 국민총생산 4배 증가 계획은 예상연도(2000년)보다 5년이나 빠른 1995년에 달성되었다. 14억 인구와 거대한 영토를 가진 중국의 빠른 경제성장은 동아시아뿐만 아니라 세계 경제에 미치는 영향은 엄청나다. 미국 CIA는 향후 15년 동안 중국이 7% 정도의 경제성장을 유지한다면 중국의 국민총생산이 2020년에는 미국 수준에 근접할 것으로 전망하고 있다. 더욱이 최근 중국이 '서부대개발계획(西部大開發計劃)'을 적극 추진하면서 21세기 '대중화 건설(大中華 建設)'을 꿈꾸고 있다. 따라서 전술한 바와 같이 중국의 잠재 생산 능력의 증대와 시장규모의 확대는 참으로 가공할 만한 것이 될 것이며, 전 세계의 달러를 흡수하는 블랙홀이 될 것이다.

중국은 산업구조가 빠르게 고도화되고 있다. 과거에는 노동 집약적 경공업이 중국의 대표 산업이었으나, 이제는 자본·기술 집약 산업이 새로운 주력 산업으로 부상하고 있다. 그중에서도 특히 IT를 중심으로 하는 전기·전자산업이 중국의 제조업을 이끌어 가는 선두 업종으로 자리매김하고 있다.

중국의 수출구조는 매우 빠르게 고도화되고 있다. 10년 전 수출의 절반을 차지했던 경공업 비중이 30% 수준으로 뚝 떨어졌고, 전기·전자산업을 필두로 중화학공업의 비중이 크게 증가했다. 수출의 약 60%가 중국에 진출한 외자 기업들이 부품을 수입, 조립·가공하여 다시 수출하는 가공무역이다. 따라서 중국의 수출산업 수준은 아직까지는 선진국과 큰 차이가 있다. 그러나 중국 내수산업의 생산활동이 빠른 속도로 고부가가치화 되는 추세이다. 또한 중국과 선진국 간의 기술격차도 지속적으로 좁혀질 것이다.

한국의 무역협회에 따르면 중국은 2005년 이래 세계 수출 점유율 1위 품목수가 가장 많은 나라이다. 2008년 현재 중국은 1,210개 품목의 세계 시장 점유율이 가장 높은 나라이다. 2위 독일은 860개 품목, 3위 미국은 587개 품목인 반면 한국은 19위로 52개 품목이다. 그런데 중국이 최근 고기술 및 준고위기술 제품에서도 세계 시장 점유율이 2위이다. 고기술의 경우 미국 다음이다. 미국이 88개 품목이고 중국은 81개 품목이다. 한국의 경우 11위로 23개 품목이다. 중국은 준고위기술 제품에서도 독일의 390개 품목에 이어 253개 품목으로 2위를 차지하고 있는 반면 한국은 21위로 14개 품목이다.

중국의 산업발전은 우리에게는 커다란 기회 요인이다. 중국의 산업이 급속히 발전하면서 새로운 소재와 부품에 대한 수요가 빠르게 증가하고 있다. 또 소득 수준의 급속한 향상에 따라 전자·정보 및 자동차 등 고급 제품에 대한 수요도 급속히 확대될 것으로 예상된다. 따라서 앞으로 15~20년 동안 한국 기업에게는 대단히 좋은 기회일 것이다.

그러나 머지않은 장래에 세계 시장에서 중국과의 경쟁이 불가피하다. 최근 중국의 산업·교역 구조가 빠른 속도로 고도화되면서 세계 시장에서 우리와의 경쟁이 심화되고 기술격차도 축소되고 있다. 중국은 이미 저부가가치, 범용 제품 제조에서 벗어나 응용 R&D 영역으로 진입하고 있다. 수출산업도 자동차와 조선산업으로 확산되고 있다. 한국 경제가 중국의 추격을 따돌리려면 첨단산업을 중심으로 핵심 연구개발 능력을 강화하고 차세대 신성장 동력 산업을 끊임없이 창출해 내야 한다. 이것이 우리에게 주어진 절체절명의 중장기 과제이다.

중국은 기회의 나라

삼성은 2011년 5월 16일 베이징의 한 호텔에서 중국전략회의를 가졌다. 이번 전략회의는 강호문 중국삼성 부회장과 삼성 중국 관계자는 물론, 이상훈 미래전략실 1팀장(사장)과 전자·전기·생명·제일모직·호텔 등 중국에 진출한 22개 삼성 계열사의 임원 140여 명이 참가했다.

삼성이 다시 중국에 심혈을 기울인 것은 2011년 4월 말 이건희 삼성전자회장의 출근 경영이 본격화된 이후이다. 삼성은 신입사원 채용과 사원 승진 때 중국어 특기자를 우대하겠다고 밝혔으며, 이 회장 자신도 출근길에 기자들에게 "중국의 영향력이 갈수록 커지고 있다."고 말했다.

이 회장의 주문은 "중국에 제2의 삼성을 만들라"는 것이다. 전자중심의 기존 사업을 확장하는 수준을 넘어서 금융·화학·패션·호텔 등 다른 업종에서도 확실한 성장 동력을 만들라는 것이다. 강호문 부회장의 역할도 일상적인 영업 실적을 챙기는 것이 아니라, 새로운 사업의 발굴 등 큰 그림을 그리는 데 집중되어 있다. 삼성 관계자는 "앞으로는 비(非)전자 부문을 어떻게 키우느냐가 핵심"이라고 말했다.

현대자동차그룹·LG·SK·한화·STX 등 다른 대기업도 '중국에서 제2의 창업'을 선언하고 있다. 현대자동차그룹은 작년 중국에서 매출 15조 5,600억 원, 순이익 1조 2,000억 원을 돌파한 데 이어, 중국 쓰촨성에 상용차 공장 건립에 나서는 등 중국 내륙으로의 서진(西進) 전략을 가속화하고 있다. 한화는 6월 1일 중국 9개 법인과 10개 지사를 총괄하는 한화차이나를 설립했다. STX 강덕수 회장은 지난 5월 초 창립 10주년 기념행사를 중국 다롄에 있는 STX 조선해양기지에서 개최했을 정도이다.

생산비용 증가로 탈(脫)중국 움직임을 보였던 대기업들이 다시 중국으로 회귀하는 것은 중국 내수시장을 공략하지 않고서는 제2의 도약이 힘들다는 판단에서이다. 중국 상무부에 따르면 중국의 내수시장 규모는 2010년 2조 달러(약 2,100조 원)를 돌파했으며, 중국정부도 제12차 경제개발 5개년(2011~2015년) 계획을 통해 중국 내수시장을 더 키우겠다고 밝혔다.

현대자동차그룹은 올해부터 쏘나타·K5 등 중국 중산층을 겨

냥한 자동차를 선보이고 있으며, LG도 '최초와 최선(first & best)'을 마케팅 포인트로 삼고 중국 내륙 지역을 포함해 중국 전역으로 판매망을 확대하고 있다. LG디스플레이 권영수 사장이 지난 3월 이후 매달 중국 시장을 방문한 것도 중국의 3D TV 판매시장을 선점하기 위해서이다. 중국의 비중이 커지면서 각 그룹의 중국 담당 CEO의 비중도 갈수록 커지고 있다.

한화차이나의 초대 CEO로 선임된 금춘수 사장은 한화그룹을 총괄하는 경영기획실장을 지냈다. 강호문 중국삼성 부회장 역시 삼성의 해외법인장 중 유일하게 부회장이다. 삼성그룹 전체에서도 부회장은 김순택 미래전략실장 등 4명밖에 없다(이상은 2011년 5월 17일자 《조선일보》 기사).

인도 역시 기회의 나라

인도의 제10차 5개년 계획에 따르면 2002~2007년 기간 중 7.5%의 경제성장을 달성했다. 이는 제9차 5개년 계획(1997~2002년) 기간 중 5.4%의 경제성장을 감안할 때 매우 높은 성장이다. 2008년 이후 미국발 금융위기 전까지 투자율이 36.1%까지 크게 증가했다. 과거 인도 경제는 낮은 투자율이 경제성장에 가장 심각한 걸림돌이 었음을 감안할 때, 높은 투자율은 인도 경제에서는 획기적인 변화이다. 더욱이 제10차 5개년 계획 이후로는 이러한 성장세가 더욱 가속되어 2006년 이후 2008년 세계금융위기로 인한 일시적인 성장둔화를 제외하면 연평균 9% 이상의 꾸준한 성장세를 보였다. 그 결과 2010년에는 경상GDP가 2006년의 1.9배, 2002년 대비 3.4배나 성장하였다.

제10차 5개년 계획 기간 중 성장을 부문별로 보면, 농업 부문이 연평균 4%의 낮은 성장률을 달성한 데 비해 서비스 부문은 대부분의 업종에서 높은 성장률을 유지했다. 특히 통신과 금융 서비스 부문은 연평균 각각 15%와 12%대의 높은 성장을 기록했다. 한편, 제조업의 성장률도 연평균 10%대의 높은 성장을 실현했다.

이러한 부문 간 성장률의 격차는 산업 부문 간 구성비의 변화를 가져왔다. 농업의 비중은 2002년 24.7%에서 2008년에는 15%대로 크게 하락한 반면, 서비스의 비중은 동기간 중 55%대에서 65%에 달하게 되었다. 서비스부문 내에서는 건설, 무역, 통신, 금융 서비스의 비중이 더욱 상승하였다. 제조업비중 역시 동기간 중 15%대에서 18%대로 상승했다.

인도 산업구조의 특징은 제조업 비중이 낮고 서비스업 비중이 매우 높다는 점이다. 장기적 산업구조 변화 추세를 살펴보아도 농업 부문 비중이 낮고 서비스업 비중이 높아지고 있으며, 제조업 비중의 증가속도가 비교적 낮다. 한 나라 산업구조의 변화 모습은 일반적으로 국민총생산 규모가 증가하면 농업 부문 비중이 낮아지고 제조업 부문 비중이 높아진다. 그 후 경제가 고도로 발달하고 경제의 서비스화가 진전되면서 서비스 비중이 높아진다. 따라서 인도의 산업구조 변화는 독특한 특징을 가지고 있다고 할 수 있다. 이는 인도의 경우 산업 인프라가 아직 취약하여 제조업 부문이 상대적으로 낙후되어 있기 때문이다.

2010년 인도의 1인당 소득은 1,477달러로 2002년에 비해 무려 3배가 증가했다.[8] 일인당 소득은 2006년부터 빠른 속도로 증가하기 시작하였으며, 2007년에는 사상 최초로 1,000달러를 돌파하였다. 또한 외국인투자 증가 등으로 인해 외환보유고 역시 빠른 속도로 증가하면서 대외신인도 제고에 일조를 하고 있다. 외환보유고 규모는 2009년 2,791억 달러를 기록해 2002년 대비 2,030억 달러가 증가하였다. 중국의 경우 2011년 외환보유고가 3조 달러를 돌파하기도 하였지만, 인도 역시 최근 빠른 속도의 증가세를 보이고 있다.

인도의 수출액은 2006년 이후 가파른 성장세를 보이고 있어 인도의 수출액은 2010년 2,214억 달러를 기록하였다. 2006~2010년간 연평균 수출 증가율은 18.8%를 기록했다. 2008년의 세계 금융위기에 따른 경기 후퇴를 감안하면 매우 높은 수치이다. 수입도 빠르게 증가하고 있다. 2001년 590억 달러에 불과하였던 수입규모는 2010년 3,248억 달러로 늘어나 연평균 증가율 20.8%를 기록하고 있다.

구분	2002	2003	2004	2005	2006	2007	2008	2009	2010
경상GDP	5,078	5,961	6,927	8,056	9,229	12,424	12,138	13,806	17,290
1인당 GDP	491	568	650	746	843	1,105	1,065	1,195	1,477
실질GDP 증가율	3.8	8.5	7.5	9.0	9.2	9.8	4.9	9.1	9.7
인플레이션	3.4	5.4	6.4	4.4	5.5	6.4	8.4	10.9	-
외환보유고	761	1,130	1,415	1,516	1,946	3,097	2,520	2,791	-

자료 : EIU

　　인도 경제는 소비가 성장을 주도하고 있는 반면에 중국 경제는 수출을 통한 생산이 성장을 주도하고 있다. 따라서 인도의 경우 경제성장이 본격화된 2003년 이후 35.5%의 높은 수입증가율을 기록했다. 수출증가율 24.9%에 비해 10.6%포인트가 더 높았다. 최근 인도의 외국인 직접투자도 빠르게 증가하고 있다. 2004/2005년 37.5억 달러, 2005/2006년 45.5억 달러에 비해 2006/2007년에는 157억 달러 등 두자리 숫자에 머물던 투자규모는 세자리 숫자로 증가하였다. 2009/2010년에는 371억 달러를 기록해 2006/2007년 대비 2.4배 증가하는 등 현저한 성장세를 보이고 있다.

　　그러나 가파른 성장세는 소비자물가의 급격한 상승을 가져와 2009년에는 물가 상승률이 10%대를 돌파하였다. 국내 소비가 성장을 주도하는 인도 경제의 특성상 이러한 급격한 물가 상승은 구매력을 약화하는 요인이 되어 국민들의 사회불안으로 이어질 수 있다는 점을 유의해야 한다.

인도의 산업발전

최근 인도에서 가장 발전하고 있는 산업은 자동차산업이다. 일본의 스즈키자동차가 인도정부와 합작한 마루티 우디욕(Maruti Udyog)이 1986년대부터 인도 자동차산업을 대표하고 있다. 그 외에도 2007년 현재 인도에는 13개 업체가 자동차를 생산하고 있다. 마루티, 현대, 타타 등 상위 3대 업체가 인도 자동차시장의 70% 이상을 차지하고 있다. 인도 자동차 생산은 2006/2007년 206만 대로 2001/2002년의 83만 대에 비해 5년 만에 2.5배 증가했다. 2010년 생산량은 약 240만대에 달하고 있으며 2015년까지 순수 승용차 생산만 320만대에 이를 것으로 전망하고 있다.

전자산업도 크게 발전하고 있다. 전자산업에 대한 다국적 기업의 관심도 증가하고 있다. 최근 인도에서 수요가 폭증하고 있는 모바일폰을 생산하기 위해 노키아, 삼성전자, LG전자 등이 진출했다. 인텔 등 선진 IT업체들은 제조보다는 R&D 투자를 선호하고 있다. 그런데 삼성전자는 인도에 휴대전화 공장을 준공, 본격적인 휴대전화 생산에 돌입했다. LG전자는 무선전화기를 현지에서 생산하고 있다. 노키아도 2006년부터 GSM무선전화기를 생산하기 시작했다.

인도의 IT소프트웨어산업이 크게 발전하고 있다. 1999/2000년 IT산업의 규모는 82억 달러로 국민총생산의 1.9%에 불과했으나

2005/2006년 IT산업의 매출은 363억 달러로 GDP의 4.6%에 달하는 빠른 성장을 기록했다. 앞으로 인도의 IT산업은 인도 경제의 주력 산업이 될 전망이다. 특히 IT서비스 및 소프트웨어의 수출이 급격히 증가하고 있다. 인도의 IT 수출은 1999/2000년 40억 달러에 불과했으나 2005/2006년 239억 달러에 달했다. 인도의 총수출 대비 IT 수출비율은 24%이다. 1999/2000년의 11%에 비해 빠르게 확대되었다. IT 총수출 중 하드웨어의 수출은 1% 미만의 미미한 수준이다. 주요 소프트웨어 수출을 선도하는 기업은 타타컨설턴시 (Tata Consultancy), 인포시스(Infosys), 위프로(Wipro) 등이다.

인도의 민간소비는 1980년 GDP의 74.4%에서 2005년 58.9%로 감소하여 세계 평균 수준과 비슷하다. 반면에 투자율은 동기간 중 18.7%에서 33.4%로 세계 평균에 비해 훨씬 높은 편이며 이러한 추세는 2000년대 후반까지 계속 이어지고 있다. 이는 인도경제의 지속적인 성장 가능성을 보여 주고 있다.

인도 경제의 미래

삼성경제연구소에서는 2011~2020년 동안 인도의 평균 경제성장률을 8.4%로 전망하는 반면 중국은 8.1%로 전망하고 있다. 시티은행은 2050년 인도는 세계 1위의 경제대국으로 부상할 것이라는 전

인도의 지출 구조 (단위 : %)

구분	1980	1990	1995	2000	2005	2006	2007	2008	2009	2010
민간소비	74.4	65.7	63.8	63.4	58.9	57.4	56.5	58.4	57.7	57.2
고정투자	18.7	24.1	26.5	24.8	23.4	31.3	32.9	32.0	30.8	29.5
정부지출	10.1	11.6	10.8	12.6	11.3	10.3	10.3	11.0	12.0	11.5
순수출	-3.2	-1.5	-1.2	-0.8	-3.7	-3.0	-4.0	-5.4	-5.2	-3.2

자료 : World Bank

망을 내놓았다. 세계은행은 인도의 총인구가 2030년 이전에 중국을 추월하고, 2050년에는 16억 명이 넘을 것으로 전망하고 있다.

우리나라는 인도 경제의 부상 가능성에 대비해 중·장기적으로는 무역·투자 협력을 강화해야 한다. 동시에 세계 시장에서 강력한 경쟁자로 부상할 가능성을 경계하고 이를 극복하려는 노력도 지속해야 한다. 특히 인도의 '산업발전 비전 2020'에서 보여 주는 일관된 기본정신은 기술 비전이다. 인도는 핵심기술의 자체 개발 노력을 선진국으로 도약하기 위한 전제조건으로 보고 있다. 또한 인도는 "대부분의 새로운 기술은 본질적으로 민·군 겸용 기술의 성격을 가지고 있다."라고 여긴다. 인도에서는 민·군 겸용 기술의 발전을 민간산업 부문의 고부가가치화를 달성하는 중요한 전략 중 하나로 인식되고 있다.

Part 2

우리의 선택: 신성장 동력 창출과 동아시아 공동체 핵심국가

세계 경제의 3대 트렌드에 적절히 대응하기 위한 신성장 동력 산업을 사전적으로 선택하여 이를 선진국 수준으로 육성해 나가야 한다. 이는 세계에서 가장 역동적인 '한국형' 지식기반 및 문화기반 경제를 이룩하는 동시에, 윤리적 가치인 '홍익인간(弘益人間)' 정신이 살아 숨쉬는 '한국형 윤리 기반 복지국가'를 이룩하는 데 필수 여건이 될 것이다. 이것이 우리의 꿈이요, 비전이요, 희망이다.

중장기적 관점에서 볼 때 우리나라 경제는 대변혁에 직면해 있다. 선진국의 지식기반경제로의 빠른 전환과 중국·인도 경제의 빠른 부상이 우리나라 경제에 주는 충격이 너무나 크다. 우리뿐만 아니라 전 세계 경제에 주는 충격 또한 대단히 크다. 우리나라 경제의 견인차 역할을 하는 중화학공업은 많은 부분 '모방기술'에 의존하고 있다. 중국과 인도 역시 우리의 모방기술을 다시 모방할 것이다. 머지않아 우리나라 중화학공업이 더 이상 우리나라 경제의 견인차 역할을 하지 못할 전망이다.

우리나라가 지난 50여 년간 '모방기술' 덕분에 1인당 국민총생산(GNP) 2만 달러 수준까지 성장했다. 그러나 우리나라 경제는 머지않아 그러한 성장을 기대하기 어려울지도 모른다. 우리나라 제조업의 절반 정도가 중국 또는 기타 아시아 지역으로 이전했거나 앞으로 이전할 계획이기 때문이다. 그리고 우리나라 경제와 교육 여건이 이대로 지속된다면 성장 잠재력 역시 2040년경에는 현재의 4~5% 대에서 1%대로 추락할 가능성이 농후하다. 이것이 바로 우리나라 경제의 중장기적인 '위기(crisis)'이다.

그렇다면 한국 경제가 저성장 구조에서 어떻게 벗어날 수 있을 것인가? 중국·인도는 빠르게 부상하고 있고 선진국들의 '원천기술'도 빠르게 앞서가고 있다. 한국 경제는 선진국과 중국·인도 중간에 끼여 마치 호두 까는 도구의 중간에 끼여 있는 호두 같은 현상(nut cracker)에 처해 있다. 한국 경제는 이 호두 까는 도구에서 어떻게 하면 풀려 나올 수 있을까? 한국 경제의 높은 잠재성장률을 어떻게 하면 유지할 수 있을까? 이를 위한 신성장 동력 산업의 창출을 위해 우리는 무엇을 어떻게 준비해야 하는가? 중국·인도의 부상을 한국 경제 성장의 위협이 아닌, 새로운 기회로 전환해야 한다. 온 국민이 세계 경제의 3대 트렌드에 대해 깊이 이해하고 고민하고 논의하여 대응전략에 대한 공감대를 하루속히 형성해 나가야 한다.

OECD는 한국 경제가 저성장 위기에 직면하고 있다고 지적했다. 이러한 상황에서 과연 한국 정부, 소비자, 기업, 노동자 모두 대외경제 트렌드의 대변화와 국내 경제 여건 변화에 따른 위기의식을 얼마나 심각하게 느끼고 대비하고 있는가? 어느 나라든 위기를 심각하게 인식하고 위기에 대한 공감대를 형성하여 이를 적절히 대비하면 위기를 극복할 수 있다. 그러나 사전에 위기를 인식하지 못하고, 대비방안에 대한 폭넓은 공감대를 사전에 형성하지 못하면 결국 위기에 봉착할 수밖에 없다.

지금은 당면한 '세계 경제의 3대 트렌드'에 대비한 '우리의 3대 대응전략'에 대한 공감대 형성과 국론 통일이 필요한 때이다. 다음과 같이 우리의 3대 대응전략을 제시한다. ① 신성장 동력 창출, ② 동아시아 경제공동체 핵심국가로서의 사전 준비 ③ 인천글로벌대학교 캠퍼스의 조기 완성이다. 신성장 동력의 육성에는 '원천기술' 첨단산업, 지식기반서비스산업 그리고 문화·예술기반 창조산업의 3대 신성장 동력을 선정하여 제시했다. Part 2는 우리나라의 '비전과 희망'에 대한 보고서인 동시에 실천 가능한 대응전략이다. 인천글로벌대학교 캠퍼스에 관해서는 Part 3에서 자세히 설명할 것이다.

어떤 이들은 우라나라에는 '비전과 희망'이 없다는 말을 자주 한다. 그런데 정부에서는 항상 비전과 희망에 대한 보고서를 만든다. 그런데 왜 많은 국민들은 '비전과 희망'이 없다는 말을 자주 하는 것일까? '비전과 희망'에 관련된 연구 보고서나 슬로건이 중요한 것이 아니다. 그 '비전과 희망'에 대해 얼마나 많은 국민이 얼마나 심도 있게 공감하고 감동하고 있느냐가 중요한 것이다. 만일 많은 국민이 그 '비전과 희망'에 감동하여 각자 자기가 하는 사업과 관련하여 앞으로 해야 할 일을 그 '비전과 희망'에 의하여 계획하고 스스로의 '비전과 희망'을 설정한다면 이것이 진정한 '비전이요 희망'이다. 이는 정부에서 내건 '비전과 희망'에 대하여 국민적 공감대가 형성되어 있다는 반증이다. 실로 살아 숨 쉬는 '비전과 희망'이라고 할 수 있다.

그러나 극히 제한된 지식인들이 연구를 통해서 만든 비전 보고서가 국민적 공감대를 얻지 못한다면 이는 한 나라의 '비전과 희망'이라고 말할 수 없다. 한국의 '비전과 희망'에 대해 온 국민이 공감하고 감동하여 각자의 위치에서 그 비전과 희망에 따라 개별적인 '비전과 희망'을 설정하여 위기 극복에 임하는 것이 진정한 '비전과 희망'이라고 할 수 있다. 사전적으로 제시한 3대 대응전략과 비전이 많은 국민이 공감하는 우리나라의 '비전과 희망'으로 발전되기를 바란다.

우리나라 대기업, 투자처를 찾고 있다

서울 서초동 삼성전자빌딩 39층 사장단협의회 회의실에서는 매주 수요일마다 삼성그룹 계열사 사장단 40여 명이 그룹 주요 현안에 대해 의견을 나누는 회의를 한다고 한다. 2009년 8월 26일(수)에는 삼성전자 LCD사업부를 이끄는 장원기 사장이 강사로 초청되었다. 삼성LCD사업의 '성공 스토리'를 소개하는 자리였다. 삼성LCD가 2004년부터 2008년까지 5년 동안 7조 2,700억 원의 대단히 큰 이익을 냈다는 보고였다.

그러나 장원기 사장은 다음과 같은 심각한 고민을 털어놓았다. "LCD사업은 앞으로 더 이상 매출신장과 큰 이익을 기대할 수 없습니다. 그 이유는 LCD사업이 성숙기에 진입하고 있으므로 앞으로 더 이상 매출이 지속적으로 증가하기가 어렵기 때문입니다. 따라서 새로운 성장사업을 창출하고 육성해야 합니다. 어떤 사업을 어떻게 창출하고 육성하느냐가 우리 회사 초미(焦眉)의 과제입니다.”

글로벌 경제위기 속에서도 사상 최대 실적을 내고 있는 삼성, 현대자동차, SK, LG 등 대기업의 최근 가장 중요한 과제는 ‘신성장 동력 산업’의 창출 및 육성이다. 따라서 최근 대기업의 가장 중요한 화두가 ‘신성장 엔진을 찾아라’, ‘앞으로 뭘 먹고사나’ 라고 한다. 그러면 왜 신성장 엔진 사업을 찾기가 그렇게 힘든 것일까? 정부도 이른바 ‘신성장 동력 산업’의 창출과 육성을 위해 고심하고 있으며 각 분야의 국책연구소에서도 ‘신성장 동력 산업’을 발굴·육성하기 위한 대책을 각방으로 마련하고 있는 것으로 보도되고 있다.

최근 우리나라 대기업이 미국발 금융위기를 잘 넘기고 있다는 보도를 자주 듣는다. 참으로 다행스런 일이다. 이는 1998년의 IMF 외환위기 이후 기업구조조정을 통해 기업의 재무구조가 건실하게 탈바꿈했기 때문이다. 또한 중국의 빠른 성장에 따라 중국의 수입수요가 꾸준히 증가하여 우리나라의 대중국 수출이 크게 늘어난 덕분이다. 이에 따라 대기업은 견실한 매출신장을 거듭하면서 회사 재무구조 개선은 물론 미래의 투자재원도 상당히 비축하고 있다고 한다.

그런데 한국의 많은 대학 졸업자들이 일자리를 찾지 못하고, 대기업이 마땅한 투자처를 찾지 못하는 이유는 무엇일까? 대기업이 투자기회를 찾지 못하여 투자재원을 그대로 비축하고 있다면 한국 경제의 지속적 성장이 어렵고, 잠재성장률도 저하될 수밖에 없다. 따라서 새로운 일자리를 찾기가 더 어려워질 뿐만 아니라 일반 근로자들의 일자리마저 정상적으로 늘어나지 못하여 서민 생활이 점점 더 어려워진다.

IMF 외환위기를 넘긴 이후 미국발 금융위기 이전까지 6년 동안(2003~2008) 미국 경제를 비롯한 세계 경제가 높은 경제성장을 지속했다. 그럼에도 불구하고 한국 경제의 설비투자 증가율은 1990년대의 11% 수준에서 5% 수준으로 크게 하락했다. 경제성장률도 6%대에서 4%대로 크게 둔화되었다. 현재 상황이 앞으로 지속된다면 한국의 경제성장률은 아마도 1%대로 추락할 것이다.

그러면 우리나라 대기업들이 왜 투자재원을 쌓아놓고도 마땅한 투자처를 찾지 못하고 있는 것일까? 중국의 빠른 성장과 중국의 생산기술의 지속적인 향상이 우리나라 투자에 어떠한 영향을 미칠 것인가? 어떻게 하면 대졸자들의 취업기회가 지금보다 훨씬 더 늘어날 수 있을 것인가?

'원천기술' 개발 능력, 선진국 수준으로 끌어올려야

우리나라의 현재 주력산업은 전자, 자동차, 조선, 철강, 석유화학 등 중화학공업이다. 문제는 '모방기술'에 의한 우리나라 주력산업의 생명력이 과연 얼마나 오래도록 지속될 것인가이다. 앞으로 우리나라 주력산업의 경쟁력이 우리의 노력 여하에 따라 달라지겠지만 오랜 세월 지속될 것으로 보기에는 어렵다. 중국과 인도의 빠른 추격으로 우리나라 중화학공업의 국제경쟁력은 가속적으로 위협받을 가능성이 높다. 이는 앞으로 우리나라 경제가 직면하게 될지도 모르는 엄청난 경제위기의 원인이 될 수 있다. 이에 우리는 어떻게 대응할 것인가?

앞으로 우리나라 경제의 주력산업인 중화학공업을 대체할 '신성장 동력 산업'의 창출·육성이 그 어느 때보다 절실하다. 이는 우리나라 경제의 미래를 열어가는 절체절명의 과제이기도 하다. 정부에서도 지식경제부와 교육과학기술부가 '신성장 동력 산업'을 창출·육성하기 위해 각종 시책을 추진하고 있다.

그런데 우리나라의 '신성장 동력 산업'은 정보통신산업, 생명공학산업, 나노기술산업, 녹색에너지 및 환경산업 등 '원천기술'이 필요한 첨단제조업이 중심이 되어야 한다는 의견에는 재론의 여지가 없다. 그러나 '원천기술'의 개발 능력을 확보하는 데는 많은 시간이 필요하다. '원천기술' 개발의 중심기관은 대학이 될 수밖에 없다. 그러나 우리나라 대학의 연구 분위기, 시설, 연구 인력의 수준으로 보아 선진국에 도달하려면 아직 요원하다. 그렇다면 현재 우리나라의 주력산업인 전자, 자동차, 조선, 철강, 석유화학의 경쟁력이 위협받기 전에 '원천기술' 개발 능력을 선진국 수준으로 끌어올려야 한다.

그러나 우리나라 대기업이 '최우수 첨단산업'에 전면적으로 뛰어들려면 궁극적으로 '원천기술'을 개발할 수 있는 연구개발 능력이 업그레이드되어야 한다. 그 이유는 선진국들이 연구개발을 통해 얻은 최우수 첨단기술을 우리나라와 같은 경쟁적인 중진국에 수출하기를 꺼리기 때문이다. 우리나라 경제의 두 개의 큰 기둥을 이루고 있는 이동통신과 반도체 분야도 '원천기술'에 속하는 부품이나 소재는 모두 해외 수입에 의존하고 있다. 예컨대 최근 태양광 분야의 첨단기술도 기초 원천기술에 관련된 부품 및 소재는 해외 수입에 의존할 수밖에 없다는 것이 우리나라 '원천기술' 현주소이다. 이는 문제의 심각성을 더해 주고 있다.

그러면 앞으로 '원천기술'의 문제를 어떻게 해결할 것인가? 이러한 원천기술 개발을 위한 기초과학 연구는 누가 어디서 해야 하나? 대기업의 연구소인가? 아니면 대학 및 비영리 정부출연연구소인가? 삼성, LG, 현대, SK와 같은 기업연구소에서는 기초 원천기술 개발보다는 응용기술에 역점을 둘 수밖에 없다. 그것이 기업이다. 따라서 기초적 원천기술의 개발은 당연히 대학과 정부출연연구소의 몫이다.

국공립 및 사립대학의 연구시설 규모와 연구인력 규모는 정부출연연구원에 비해 대단히 크다. 따라서 '원천기술'의 개발은 대부분 대학이 주도하는 것이 미국을 비롯한 선진국의 추세이다. 그런데 왜 큰 규모의 우리나라 대학이 엄연히 있는데도 불구하고 대기업들은 '원천기술' 타령을 하는 것일까? 우리나라 대학이 원천기술 개발 능력이 선진국에 비해 매우 뒤떨어져 있다면 기업들은 어떻게 대응할 것인가?

지난 50년간 우리나라 경제의 성장과 발전은 주로 '모방기술'에 의해 주도되었다. 성장 초기 단계의 노동 집약적 경공업은 물론이고 현재 한국 경제를 주도하고 있는 중화학공업 모두 '모방기술'에 의해 성장·발전했다. '모방기술'에 의존하는 중화학공업의 경우 그 발전 여건이 주로 기술 및 기능 인력의 양성, 도로 및 항만의 건설, 공업용수 확보, 공업단지 조성, 수출입제도 및 정부지원제도의 정비 등이다. 이러한 중화학공업의 성장·발전을 위한 여건 조성은 우리나라가 어느 선진국 못지않게 잘 조성되어 있다고 평가된다.

따라서 많은 개발도상국이 우리나라의 중화학공업 발전을 위한 여건 조성의 사례를 배우고 싶어한다. 2010년 G20정상회의 중 개발도상국의 경제개발이 중요한 의제 중 하나였다. 한국 경제의 기적적인 발전상이 알려지면서 많은 개발도상국이 한국의 경제개발 모델을 배우고 싶어한다고 한다. 참으로 반가운 일이며 보람된 일이다.

우리나라 정부는 이른바 '지식공유(knowledge sharing)' 사업이라고 하여 우리의 경제개발 경험과 지식을 개발 초기의 개발도상국에게 가르쳐 주는 사업을 하고 있다. 이를 위해 경제부처나 한국개발연구원(KDI), 산업연구원(KIET) 등 국책연구원에서 한국 경제개발 5개년 계획 업무에 직접 참여했던 분들을 잘 활용할 필요가 있다. 살아 숨쉬는 생생한 경험과 지식을 전수하여 개발도상국의 경제 발전에 실질적인 도움을 줌으로써 동반성장을 통해 더 큰 글로벌 파트너로 발전시킬 필요가 있다. 우리가 글로벌 모범 국가로 도약할 절호의 기회이기도 하다.

그런데 우리나라의 미래를 위한 '신성장 동력 산업'의 창출·육성을 위한 여건은 과연 얼마나 착실하게 조성되고 있을까? 첨단산업의 '원천기술' 창출을 위한 연구개발도, 지식기반서비스산업의 창출·육성을 위한 인재양성도, 문화창조산업의 창출·육성을 위한 문인과 예술인 양성도 모두 대학교의 교육 수준과 연구개발(R&D) 능력에 따라 좌우되는 것이 오늘날 선진국의 현실이다.

우리나라 연구개발 능력의 현주소

그렇다면 우리나라의 대학교육 수준과 연구활동 능력이 앞으로 '신성장 동력 산업' 창출을 위한 인재양성과 '원천기술' 창출을 위한 연구개발을 감내할 수 있을까? 대학교수들이 과연 열과 성을 다하여 인재양성과 연구개발에 임할 수 있는 분위기가 조성되어 있는가? 세계적 수준의 교수와 연구 인력이 얼마나 확보되어 있으며, 최첨단 연구시설이 충분히 설치되어 있는가? 더욱이 하루도 쉬지 않고 연구에 매진하는 선진국 대학의 연구 분위기가 어떻게 하면 우리나라 대학에도 조성될 수 있는가? 다시 말해 우리나라 대학이 한국 경제를 지식기반경제로 전환하기 위해 그 역할을 충분히 해낼 수 있는가?

그런데 우리나라 대기업들은 왜 아직도 차세대의 '신성장 엔진' 과 앞으로의 '먹을거리'를 찾지 못하고 있을까? 왜 투자 활로를 제대로 찾지 못한 채 투자 재원을 쌓아두고 있는 것일까? 왜 선진국 대기업은 일류대학에 대규모의 연구비를 지원하여 '원천기술'을 지속적으로 개발하고 있는 것일까? 선진국 대기업은 대학에 연구비를 지원하면서 무엇을 기대하는 것일까? 우리나라의 대기업은 재원을 쌓아놓고도 대학교 연구 개발비 지원에 인색한 이유는 무엇인가? 물론 1960~1970년대에 비하여 2000년대 접어들면서 대기업은 대학 발전을 위해 상당한 규모의 지원이 이루어지고 있다. 그러나 선진국에 비하면 아직도 그 규모가 상대적으로 보잘것없다. 거기다가 연구비 지원이 아니라 주로 학교 건물의 건설비 지원이 대부분인 이유는 무엇인가?

'원천기술'의 모체가 될 학술 논문 분야 정보 수집을 하는 곳으로, 세계적 권위를 자랑하는 미국의 과학정보연구소(Institute for Scientific Information, ISI)가 있다. ISI에서 2007년 최우수 연구논문을 발표한 최고의 연구 인력(Highly Cited Researcher, HCR)을 1등서부터 5,000등까지 선발한 결과, 국가별로는 미국이 1위로 4,029명인 데 비해 영국이 2위로 434명, 독일, 일본이 각각 3위와 4위로 260명과 258명, 캐나다, 프랑스가 5위와 6위로 185명과 159명이었다. 반면 인구가 10억 명이 넘는 중국과 인도가 16위와 21위로 21명과 11명이었다. 강소국(强小國)으로 알려진 스위스와 네덜란드는 7위와 9위로 113명과 100명이었다. 이들은 GDP 순위가 21위와 16위인 데 비해 최우수 연구인력의 확보가 GDP 순위보다 훨씬 앞서가고 있음을 알 수 있다. 한국의 경우, GDP 순위에서는 13위를 차지하고 있으나 최고의 연구인력 확보면에서는 4명에 불과하여 조사 대상국 29개국 중 27위에 불과하다. 상기 강소국과는 너무나 대조적이다. 이것이 머지않아 닥쳐올지도 모르는 '경제위기'를 두려워하지 않을 수 없는 이유이다.

우리나라의 경우 2007년 당시 GDP 규모로는 세계 13위를 차지한 경제대국이 최우수 연구인력 확보면에서는 29개국 중 최하위인 27위에 머무른 이유는 무엇일까? 이러한 수준의 연구능력을 가지고 '원천기술'을 개발하여 우리나라 '첨단산업'을 '차세대 신성장동력'으로 키워 낼 수 있을까? 우리나라 학부모들은 자녀들이 우리나라의 명문대학 입학을 위해 얼마나 노력하고 희생하며 과분한 재정적 투자를 하고 있는 것일까? 최근 우리나라 명문대학이 세계대학수준평가에서 그 순위가 눈에 띄게 향상되고 있다.

그러나 교육의 선진국이라고 하는 미국 대학 수준과 비교하면 아직도 우리나라 대학교의 연구능력면에서 상당히 뒤지고 있다. 그렇다면 앞으로 우리나라 국내 명문대학들이 '원천기술' 주도의 첨단산업 발전을 뒷받침할 수 있을까? 또한 우리나라 명문대학이 우리나라 지식기반서비스산업과 문화·예술 기반 창조산업을 미래 수출산업으로 육성하기 위해 필요한 인재를 충분히 양성하고 있는가? 또한 이를 뒷받침할 만한 체계적인 연구를 충분히 수행하고 있는가?

미국의 대표적 생명공학산업 클러스터, 어떻게 형성되었나

생명공학산업의 본산지인 미국의 경우 12개의 대표적인 생명공학산업 혁신 클러스터가 있다. 그중 제1순위와 3순위인 샌디에이고 지역과 노스캐롤라이나 주의 롤리-더럼 지역은 클러스터 탄생 배경이 타 지역의 생명공학산업 클러스터와는 다르다. 타 지역의 '생명공학산업 클러스터'는 시장기능에 의하여 자연발생적으로 탄생했으나 샌디에이고나 롤리-더럼 지역은 주정부 계획에 의하여 조성된 생명공학산업 클러스터이다. 특히 경제적으로 후진 지역이었던 샌디에이고와 롤리-더럼 지역은 생명공학산업 클러스터가 조성될 아무런 자연적 여건이 마련된 지역이 아니었다.

그런데 정부 주도로 상기 두 지역이 오늘날 미국의 1위와 3위의 생명공학산업 혁신 클러스터로 발전할 수 있었다는 사실은 우리에게 시사하는 바가 크다. 현재 첨단산업이 취약한 우리나라 특히 인천 송도 지역을 정부 주도로 세계적인 첨단산업 클러스터로 조성하고자 하는 것과 유사하다. 따라서 미국의 샌디에이고와 롤리–더럼 지역 '리서치트라이앵글파크(Research Triangle Park)'의 사례는 우리의 꿈을 현실로 다가 오게 하는 산증인이다.

샌디에이고의 경우, 미 해군의 군수산업 도시로 사우스캘리포니아 주의 낙후된 작은 도시였다. 캘리포니아 주정부는 제2차 세계대전과 6·25전쟁 이후 낙후된 샌디에이고 지역을 다시 재건하기 위해 고심했다. 그 결과 생명공학산업을 샌디에이고 지역의 '신성장 동력 산업'으로 육성하기로 결정했다. 1960년대 초 의과대학과 생명공학 관련 이공 분야 중심의 캘리포니아 샌디에이고주립대학 캠퍼스를 조성하기로 결정했다. 주정부는 우선 100년 이상의 역사를 자랑하는 '스크립스해양연구소' 건물에 캘리포니아 샌디에이고 주립대학 캠퍼스 설립을 시작했다.

또한 캘리포니아 주정부는 미국의 소아마비 백신의 발명자이며 당시 영웅으로 추앙받았던 조너스 솔크(Jonas Salk) 박사를 초빙하여 1963년 '솔크생명과학연구소(SALK Institute for Biological Studies)'를 비영리 연구소로 설립했다. 현재 약 800명 규모로 성장했으며 1년 예산은 약 1억 달러이다. 매년 생명공학 분야의 3대 학술지에 20여 편의 많은 논문을 발표하고 있는 생명공학 분야에서는 미국 최고 수준의 연구소로 평가받고 있다.

필자는 솔크생명과학연구소의 핵심연구원으로 구성된 JCB(Joint Center for Bioscience)를 인천 송도에 유치하는 데 성공했다. 2007년 8월 JCB가 생명공학의 첨단 연구를 시작함으로써 앞으로 미국 생명공학산업 클러스터 1순위인 샌디에이고 지역으로부터 미국 초일류 생명공학산업의 기업연구소를 유치하기 위한 교두보가 마련된 셈이다.

1970년에는 샌디에이고에 또 하나의 비영리 연구소인 '스크립스연구소(The Scripps Research Institute)'가 설립되었다. 이 연구소는 생명공학 분야의 제약 부문 연구에 역점을 두고 있으며, 현재 연구인력이 약 3,000명의 거대 연구소로 성장했다. 이 연구소는 캠퍼스라고 부르며 스크립스대학원이 연구소 캠퍼스 안에 있다. 연구소 기능과 대학원 기능을 함께 수행하는 미국의 거대 생명공학 연구소이다. 또한 비슷한 시기에 '번햄의학생명과학연구소(Burnham Institute for Medical Research)'가 추가로 설립되었으며 현재 약 700명 규모의 연구소로 성장했다.

샌디에이고 시는 1970년대까지만 해도 인구 60만 명 규모의 조용한 해군군수산업 도시였다. 샌디에이고에 캘리포니아 샌디에이고주립대학 캠퍼스가 1960년대 초에 설립되었고, 솔크생명과학연구소와 스크립스연구소 및 번햄의학생명과학연구소가 각각

1960년대 초와 1970년대 초에 설립되었다. 샌디에이고는 생명공학 분야의 첨단산업 클러스터가 형성되기 위한 충분한 인프라가 조성되어 있는 셈이다. 이러한 인프라로 인하여 수많은 세계적 첨단산업체의 연구소가 샌디에이고 지역에 입주하게 되었다. 이를 지원하기 위한 수많은 벤처 자본, 은행, 법률 사무소 등이 연달아 입주했다. 명실상부 미국 제1순위의 생명공학산업 클러스터로 발전한 것이다. 이는 시장기능에 따라 자연발생한 것이 아니라 정부의 사전 계획에 따라 만들어진 클러스터의 좋은 사례이다.

현재는 200여 개의 BT·IT 분야의 첨단 기업 연구소와 회사 본부 및 기타 사무실이 입주해 있다. 샌디에이고 시는 기후 조건이 좋아 미국에서 가장 살기 좋은 도시 중 하나이다. 현재 약 128만 명의 인구가 살고 있다. 미국의 대표적 생명공학산업 분야 회사의 본부가 샌디에이고에 있다. 또한 많은 생명공학 및 제약 부문의 잘 알려진 회사(BD Biosciences, Biogen Idec, Pfizer, Elan, Genzyme, Cytovance, Celgene and Vertex)의 연구소가 이곳 샌디에이고에 자리 잡고 있다. 따라서 60만의 아주 조용한 군사 도시였던 샌디에이고 지역의 생명공학산업 및 정보산업은 지역 경제뿐만 아니라 미국의 국가 경제에도 중요한 역할을 담당하게 되었다.

미국 노스캐롤라이나 주의 롤리-더럼 지역의 리서치트라이앵글파크는 롤리의 노스캐롤라이나주립대학, 더럼의 듀크대학, 채플힐의 노스캐롤라이나대학의 3개 대학을 연결하는 삼각지대에 위치하고 있다. 산업, 대학, 연구소가 연계된 대표적인 첨단산업 혁신 클러스터를 형성하고 있다. 대지 규모가 약 7,000에이커(가로 3km, 세로 6km)에 달하는 미국 최대 '연구단지'이다.

1958년 노스캐롤라이나 주의 포지스 주지사는 당시의 지역 성장 동력 산업인 섬유, 가구, 담배산업 등이 점차 사양사업으로 전락할 것에 대비하여 차세대 성장 동력 산업 창출·육성에 큰 관심을 가지고 있었다. 마침내 포지스 주지사는 당시 170만 달러의 거금을 모금하여 7,000에이커의 부지를 매입했고 리서치트라이앵글파크를 설립했다. 1965년 IBM과 GE 등 대기업 연구소가 입주하기 시작한 이래 현재 180여 개의 유명 기업 연구소가 입주했다. '국립환경연구소'와 '리서치트라이앵글인터내셔널연구소' 같은 비영리 기관도 영입했다. 이곳 3개 대학과 더불어 리서치트라이앵글파크는 첨단산업 클러스터 형성을 위한 훌륭한 인프라를 갖추고 있다.

5장

신성장 동력 창출

21세기 우리나라의 '신성장 동력'은 ① '원천기술' 첨단산업 분야 ② 지식기반서비스산업 분야 ③ 문화·예술기반 창조산업 분야이다. 이들 3대 산업 분야의 빠른 발전이 중국과 인도의 추격을 따돌릴 수 있는 우리의 비전이요, 희망이다. 그런데 3대 신성장 동력의 성장 기반이 아직은 취약하다. 앞으로 '스마트'한 글로벌 인재 양성과 연구개발 능력이 선진국 수준을 추월해 나갈 수 있게 하는 정책만이 이 취약 부분을 충족시킬 수 있을 것이다.

'원천기술' 위주의 첨단산업

최근 우리나라 경제의 가장 중요한 과제는 청년 실업자가 그 어느 때보다 많다는 것이다. 지난 5~6년 동안 우리나라 경제는 3~4% 대의 낮은 성장에 그쳤고 설비투자 역시 연평균 약 1%의 낮은 증가에 그쳤다. 예전 같으면 상상도 못할 낮은 성장이다. 다행히 중국 경제의 급성장으로 우리의 수출시장은 대기업 위주로 호황을 누리고 있다.

그러나 이러한 수출호황으로 인해 중장기 비전 없이 우리 경제를 안이하게 운영한다면 중장기적 경제운영에는 오히려 병폐가 될 수 있다. 미국과 중국 주도로 세계 경제가 회복되고, 이에 따라 설비투자 및 민간소비가 다소 회복되고, 실업률이 다소 하락한다고 해서 한국 경제가 중장기적인 경제회복 기미를 보이고 있는 것으로 착각해서는 안 된다. 필자가 가장 두려워하는 것은 이러한 일시적인 경제호전을 중장기적인 경기회복의 기미로 받아들여 위기의식 없이 안이하게 대응할 수도 있다는 점이다. 그렇게 되면 '위기를 기회로' 전환할 수 있는 절호의 기회를 상실할 수 있기 때문이다.

경제가 지속적으로 성장 발전하려면 성장을 앞에서 이끌어 주는 견인차 역할을 하는 '성장 동력 산업'이 필요하다. 우리나라의 1960년대와 1970년대는 섬유 및 봉제산업이 우리나라 경제의 견인차였다. 1980년대와 1990년대의 자동차·철강·조선·석유화학 등의 전형적인 중화학공업과 2000년대의 반도체, 휴대전화 등 IT 산업이 아직도 성장 동력 산업으로서 견인차 역할을 하고 있다. 이처럼 견인차로서의 성장 동력 산업은 경제가 처한 상황과 시대적

여건에 따라 변할 수밖에 없다.

1990년대 말 외환위기 이후 우리나라 경제는 강도 높은 구조조정을 경험했다. 성장률이 크게 둔화되었고 실업률이 증가하는 경기침체기를 맞았다. 이러한 경제침체는 2000년대 초반까지 이어졌다. 앞으로 한국 경제가 낮은 성장 트렌드에서 벗어나려면 돌파구를 찾아야 한다. 현재 3%대의 낮은 잠재성장률을 적어도 6%대로 끌어올려야 한다.

이제까지 우리나라 경제를 이끌어 온 자동차, 철강, 조선, 반도체, 석유화학 등 이른바 중화학공업을 대표하는 산업은 더 이상 차세대 미래 '성장 동력 산업'으로 유지되기 어렵다. 그 이유는 전술한 바와 같이 중국·인도 경제의 빠른 성장으로 인하여 머지않아 우리나라 중화학공업의 경쟁력이 한계에 도달할 것이기 때문이다. 이것이 바로 '원천기술' 위주 첨단산업'의 창출·육성이 우리나라 절체절명의 과제가 될 수밖에 없는 이유이다. 우리는 위기의식을 가지고 우리 경제를 '원천기술' 위주의 첨단산업을 육성해야 한다.

정보기술산업, 융합시대가 도래한다

지난 20여 년 동안 전 세계적으로 IT산업만큼 빠르게 성장하고 그 영향력을 넓힌 산업은 없다. IT산업의 성장은 그 자체로 경제성장의 엔진 역할을 할 뿐만 아니라 다른 산업의 생산성을 높이는 데 큰 몫을 하고 있다. IT산업과 디지털·네트워크 기술의 진보는 많은 사람들의 생활방식을 바꾸었다. 한 나라의 경제, 사회, 정치, 문화를 전반적으로 변화시키고 있다. 최근에는 스마트폰을 비롯한 모바일 분야에서의 IT 기술 발전이 빠르게 진전되고 있다. 앞으로 타 분야의 기술발전과 IT의 융합기술의 발전은 상당 기간 동안 계속될 것이다.[9]

2000년대에 들어서면서 우리나라 IT산업은 메모리반도체, 무선통신 단말기, 정보통신 서비스 등의 비약적인 발전에 힘입어 높은 성장을 달성했다. 향후에도 세계 IT 시장은 지속적으로 확대될 전망이다. 국내 IT산업도 꾸준히 성장해 나갈 것으로 예상된다. IT산업은 현재 국내 제조업의 성장과 수출을 이끄는 핵심산업이다. 2009년 IT산업의 제조업 부가가치 비중은 22.9%이며 고용 비중은 15.8%로 중추적인 위치를 차지하고 있다.[10]

IT 기술의 빠른 발전은 IT산업 자체의 성장뿐만 아니라 여타 산업 부문에 넓게 응용되면서 산업 전체의 혁신과 발전을 주도하고 있다. 대표적인 예로서 IT 기술이 자동차기술과 접목됨으로써 지능형 자동차의 개발을 통해 자동차산업의 경쟁력을 높이고 있다. 따라서 앞으로 IT 융합기술이 여타 산업 영역에 미칠 파급효과는 매우 크다. 특히 자동차, 조선, 기계, 바이오, 광학산업 등에서 IT산업과의 융합비중이 높아지고 있는 추세이다.

‘새로운 기술 간의 융합’이란 정보기술(IT), 나노 기술(NT), 생명공학기술(BT) 등 신기술 분야의 결합을 의미한다. 새로운 기술 간의 융합은 향후 더욱 가속화될 것으로 예상된다. 이로 인한 새로운 시장과 고용의 창출 가능성은 무궁무진하다. 새로운 기술 간의 융합현상은 21세기 과학기술 발전의 커다란 트렌드로 경제, 사회, 문화 각 분야에 지대한 영향을 미칠 것으로 예상된다.

융합기술의 급속한 발전은 여러 방면에서 파급효과가 매우 클 것이다. 선진 각국은 신기술 융합화를 통한 기술경쟁력 강화와 부가가치 창출에 총력을 경주하고 있다. 신기술 융합은 제1차 산업혁명인 공업화와 제2차 산업혁명인 정보통신혁명에 이어 제3차 산업혁명인 ‘신기술융합화혁명’을 가져올 것으로 예상하고 있다.

융합 신기술은 향후 적어도 10년간은 빠른 성장을 거듭하면서 경제·사회·문화에 커다란 영향을 미칠 것으로 전망된다. 미국의 한 전문 보고서(Roco & Bainbridge, 2002)는 ‘융합 신기술’이 인류 역사에서 획기적인 전환점이 될 ‘황금기’를 가져올 것이라고 예상한 바 있다.

융합 신기술은 과학기술의 폭발적 발전, 삶의 질 향상, 복지증진, 신산업 창출면에서 크게 기여할 것이다. 선진국 가운데 융합 신기술 분야에서 가장 앞서가는 나라는 바로 미국이다. 미국은 2000년 초에 ‘국가나노기술 주도전략(National Nanotechnology Initiative)’이라는 과학기술정책을 발표했다. 또 유럽공동체(EU Sixth

Framework Programme 등)와 일본도 그뒤를 바짝 추격하고 있다.

우리나라는 공업화의 후발국이면서도 IT 분야에서는 일찍이 과감한 전략과 투자를 통해 선도국의 지위에 올라선 경험이 있다. 융합 신기술 분야에서도 섬세하고 치밀한 중장기 전략수립과 함께 지속적인 투자가 이루어져야 한다. 적어도 IT산업 융합기술 중 일부 분야(특히 IT와 NT의 융합)에서만큼은 우리도 틈새시장 확보, 나아가 기술 선도국의 지위까지 선점할 수 있어야 한다.

다만, 우리나라의 경우 기초과학 기반이 매우 취약하고 융합기술 분야의 전문인력이 부족한 실정이다. 기초과학 분야에 대한 지속적인 투자지원은 물론 고급인력 양성 등 대학의 역할과 책임이 그 어느 때보다 막중하다. 2020년대까지의 디지털·네트워크 기술 발전 트렌드는 '기술의 복합화'와 '사용자 접근의 단순화'라는 대칭되는 2개의 키워드로 요약될 수 있다.

IT 제품만 판매했던 많은 기업이 제품과 서비스를 결합시킨 솔루션을 판매하는 형태의 토털 솔루션 기업으로 바뀌고 있다. 하드웨어와 결합된 소프트웨어와 콘텐츠의 중요성이 더욱 강조되고 있으며, 이를 하나의 토털 서비스 형태로 제공하는 추세가 계속될 것이다.

대용량 멀티미디어 데이터에 대한 수요자 욕구가 증가하고 있다. 단순 텍스트보다는 그래픽, 사운드, 동영상 위주의 서비스를 선호하는 추세가 계속될 것이다. 네트워크 게임, 주문형 음악(Music on Demand, MoD), 주문형 비디오(VoD) 등에 대한 소비자의 요구는 대용량 멀티미디어 서비스 기술의 발전을 가속화시킬 것이다.

디지털·네트워크 기술 및 서비스가 고도화됨에 따라 자신의 특성과 기호에 맞는 제품과 서비스를 선택하고자 하는 소비자의 욕구가 크게 증대되고 있다. 산업화시대에 유효한 방식이 소품종 대량생산이었다면 정보화시대에는 일대일 맞춤형 생산이 주도적인 생산방식으로 자리 잡아갈 것이다.

세계 바이오산업, 미국이 주도한다

바이오산업은 생명공학기술을 바탕으로 한 생물체의 기능과 정보를 활용하여 인류의 건강 증진, 질병의 예방·진단·치료에 필요한 물질과 서비스를 생산하는 산업을 말한다. 또한 바이오산업에는 의약, 화학, 전자, 에너지, 농업, 식품 등 다양한 여타 산업 부문에서 생명공학기술과의 융합을 통해 만들어진 새로운 산업도 포함된다.

바이오산업의 핵심요소인 생명공학기술은 생물체의 기능을 이용해 제품을 만든다. 또한 유전적인 구조를 변형해 어떠한 특성을 나타내는 기술을 포함한다. 생명공학기술은 무형 가치 투입에 의존하는 대표적인 지식 집약형 기술로 높은 부가가치를 창출하는 기술이다. 바이오산업은 제조업에 비해 아직은 산업화 과정이 미진하다. 향후 높은 신장세를 바탕으로 거대 시장을 형성하여 미래의 주도 산업으로 탈바꿈할 것으로 예상된다.

바이오산업을 분야별로 살펴보면, 의약·의료 분야가 바이오산업에서 가장 큰 부분을 차지하고 있다. 성인병과 난치병, 노인성 질환과 관련한 시장이 두드러지게 성장할 것으로 전망된다. 현재 의약·의료 분야는 전체 바이오산업의 약 60%를 차지하고 있다. 향후에도 다른 분야에 비해 의약·의료 분야는 바이오기술의 응용이 가장 활발할 것으로 전망된다.

세부적으로 살펴보면 당뇨병, 혈관계 질환 등의 성인병 관련 시장과 암, 백혈병, 바이러스 감염 관련 시장이 크게 확대되고 있다. 또한 고령화 추세에 따라 치매, 다발성 경화증 등의 노인성 질환 관련 시장 역시 크게 성장하고 있다. 특히 줄기세포를 이용한 세포 치료제, 유전자 치료제, 면역 치료제 등을 활용한 맞춤형 의료 분야는 향후 바이오 시장의 가장 핵심적인 분야로 등장할 전망이다.

바이오산업은 21세기 전반부에 기술적·산업적 파급효과가 가장 크게 나타날 것으로 주목받고 있다. 고부가가치 산업으로 경제적 효과와 함께 사회·문화에 대한 효과 역시 매우 클 것으로 전망된다. 바이오산업은 건강, 식량, 환경 등 인류가 직면하고 있는 어려운 문제의 해결과 직결되어 있다. 따라서 연구개발 비중이 크고 원천기술 확보가 중요한 기술 집약적 고부가가치 지식산업이다.

바이오신약장기(臟器)산업은 여러 바이오산업에서도 가장 첨단의 생명공학기술을 활용하는 신산업이다. 세계적인 경쟁이 매우 치열할 것이다. 인간유전체프로젝트(HGP) 이후의 바이오 신약 장기 시장을 선점하기 위해 각국은 연구개발(R&D)에 경쟁적으로 투자하고 있다. 건강과 삶의 질, 식량, 환경, 에너지 등 가장 중요한 당면 과제를 해결하려면 첨단바이오산업 발전을 촉진해야 한다.

선진국은 인간 유전자 지도 완성 이후 거의 무한대의 유전자 지도를 확보하고 있다.[11] 인간을 비롯한 다양한 생물종의 유전자 지도가 완성됨에 따라 생명 현상에 대한 총체적인 접근을 통해 바이오 제품들이 개발되기 시작했다.[12] 이러한 포스트-유전체(Post-Genome)시대에서의 첨단 생명공학기술의 활용 범위는 기초 연구 개발 단계에서 산업화 단계로 발전하고 있다. 생명공학기술은 IT, NT 등 첨단기술 간의 융합을 통해 새로운 제품 개발에 기여하여, 바이오 칩,[13] 바이오 센서,[14] 나노 바이오 기술,[15] 생물정보학,[16] 등 새로운 융합기술 제품이 상업화되고 있다. 또한 SNP,[17] 약물유전체학(Pharmacogenomics), 줄기세포 연구 등의 첨단 연구결과 역시 예방의학, 맞춤의약, 재생의약의 관점에서 시장에서 활용되기 시작하여 난치병 및 유전병 치료에서의 새로운 돌파구로 평가받고 있다.

바이오산업은 살아 있는 생명체가 기술개발 대상이므로 연구 개발 단계에서부터 산업화 단계까지 첨단의 복합적인 기술이 활용된다. 또한 인허가 등의 규제가 포함되는 특징도 있다. 따라서 연구개발 성과가 제품으로 개발되어 시장에 진출하려면 다단계의 개발 과정을 거쳐야 하며 이에 참여하는 주체 역시 다양하다.

기초연구 단계에서는 대학이나 공공 연구기관의 역할이 중요하다. 도출된 연구성과를 제품화 및 상업화하는 중소 벤처 기업의 활동이 활성화되어야 한다. 생물정보를 활용한 맞춤형 제품개발을 지향하는 특성상 경제성을 갖추기 위해 세계 시장 진출이 중요하다. 따라서 세계 시장 경쟁력을 보유하고 있는 중견기업이나 다국적 제약기업의 역할이 필요하다. 결국 바이오산업의 발전을 위해서는 연구 능력과 함께 상업화 능력까지 갖추어야 하며 대학, 연구소, 기업 등 다양한 개발주체 간의 협력과 연계는 바이오산업 경쟁력 확보를 위해 매우 중요하다.

바이오산업, 미래의 주 성장 동력이다

바이오산업을 미래 전략 산업으로 육성하고 세계 시장을 선점하는 국가 간 경쟁이 치열해지고 있다. 현재 세계 바이오 시장을 선점하고 있는 미국, 유럽, 일본 등은 포스트-유전체시대에서 연구개발과 산업화 경쟁력을 확보하기 위하여 기술개발과 산업화를 지원하는 공공 부문의 투자를 크게 확대하고 있다. 미국의 경우에는 2000년 이후 정체되어 있던 민간 부문 투자도 2003년 이후 벤처 캐피탈을

	2003년	2004년	2005년	평균
판매	77.12	76.64	75.67	76.48
기술개발비	72.98	80.85	78.27	77.37
상장기업수	51.39	51.32	49.03	50.58

자료 : Ernst & Young, "Global Biotechnology Reports 2006" 외 각 연도 보고서

중심으로 급격히 회복되고 있다.

바이오 신약, 바이오 장기, 바이오 칩을 포함하는 세계 바이오산업[18]은 연평균 11%대의 빠른 증가율을 보이고 있다. 2006년 발표된 에른스트 앤 영(Ernst & Young)의 보고서[19]에 따르면 2005년 상장기업 기준 세계 바이오산업의 총생산규모 632억 달러 중 76%(478억 달러)를 미국이 차지하고 있으며, 유럽이 16%(99억 달러), 캐나다가 4%(26억 달러), 아시아/태평양이 5%(30억 달러)를 차지하고 있다.

2005년 상장기업 기준 전 세계 바이오산업 총기술 개발비는 약 204억 달러이다. 이중 미국이 약 160억 달러로 78%를 차지하고 있고, 유럽이 약 33억 달러, 캐나다가 약 9억 달러, 아시아/태평양이 약 3억 달러이다. 미국 기업은 암젠(Amgen), 지넨테크(Genentech), IDEC, 앱제닉스(Abgenix), 센토코(Centocor) 등 바이오 전문기업 및 다국적 제약기업들이 연구개발에 참여하고 있다. 전 세계 의약품 시장은 연간 13% 이상의 고성장 추세이다.

생명공학기술의 발전은 보건의료 환경을 총체적으로 혁신시키

고 있다. 제약 및 의료기기산업과 의료서비스산업 사이의 연계성도 크게 강화되고 있다. 이는 생명공학기술에 의해 개발되는 획기적인 의약품과 치료방법이 제약 및 의료기기와 의료 서비스 간의 경계를 허물고 있다. 결과적으로 생명공학기술을 중심으로 한 보건의료경제(Health Care Economy)권이 최근 구현되기 시작했다. 이러한 혁신적인 유전체학, 단백질체학 등 첨단 생명공학 연구 성과로 인해 천문학적인 양의 생물학적 정보를 얻게 됨에 따라 방대한 생물정보를 초고속·고감도로 분석·탐색·활용할 수 있는 새로운 기술이 필요해졌다. 이러한 기술은 앞으로 신약개발, 질병진단, 예측 등 보건·의료 분야에서 활용될 수 있을 것이다.

대학, 연구기관, 바이오기업, 제약기업 등 바이오산업 혁신 주체 간의 세계적인 네트워크 구성 및 협력 정도에 따라 바이오산업 경쟁력이 결정될 것이다. 따라서 국경을 초월하는 다양한 협력관계가 증가될 것이다. 세계 100대 제약 기업의 경우, 전체 매출에서 외부로부터의 기술 도입 제품 매출비중이 급속히 증가하는 추세이다. 2005년 전 세계 바이오 의약 분야 M&A는 총 205건 발생했다.

우리나라는 국내 인적 자원과 R&D 체제가 대단히 취약하므로 R&D 체제를 세계화할 필요가 있다. 선진국의 바이오산업 혁신 시스템에 동참하여 연구개발부터 상업화까지 함께 개발해 중국 등 신규 시장에 동반 진출하는 전략을 구사해야 한다. 이것이 세계 시장에서의 경쟁력을 선점할 수 있는 유일한 길이다. 또한 바이오산업은 R&D 성과의 상업화로부터 시장진출까지 다양한 혁신 주체와의 다양한 협력과 막대한 자금의 장기투자를 필요로 하고 있다. 따라서 글로벌 차원의 협력을 통해 적정 규모의 투자와 시장을 확보해야 한다. 혁신적으로 성과가 확산될 수 있도록 연구개발 과제 초기 단계부터 국내 기업의 선진국 기업 참여방안을 마련해야 할 것이다.

이들 분야에서 기술력을 확보하고 있는 외국 대학 및 기업의 R&D 센터를 인천글로벌대학교 캠퍼스 안에 대대적으로 유치하여 선진기술의 이전 경로를 확보함과 동시에 이들 연구개발 결과의 상업화를 위해 세계 시장에서 마케팅 경험이 있는 다국적 제약회사 등 해외 기업과의 연계를 통해 국제 네트워크에 진입하는 구상을 하고 있다.

미국, 유럽 등 선진국을 대상으로 R&D 협력체계 구축, 연구소 혹은 합작회사 설립, 다국적 제약기업 등의 투자 유치 등을 통해 연구개발 단계의 경쟁력을 제고하고 시장진출의 기반을 확보해야 한다.

환경 및 신에너지산업,[20] 어떻게 발전하고 있나

최근 유가 급등과 국제 원자재 시장의 동요로 천연자원의 미래 전망에 대한 논의가 주목을 받고 있다. 에너지 및 기타 천연자원은 지속적인 경제성장과 산업활동에 필요한 핵심 생산요소이다. 최근 에너지 및 천연자원 시장의 혼란과 국제 가격 급등은 안정적인 경제성장에 부담으로 작용할 수 있다. 따라서 안정된 에너지 및 천연자원의 확보는 지속 가능한 경제성장의 필요조건이다.[21]

환경문제와 관련하여 가장 큰 위협으로 등장하는 사안은 온실가스 배출증가로 인한 지구온난화 현상이다. 지구온난화 문제는 현재 주요 에너지원인 화석연료의 교통 부문에서의 대량 소비가 가장 큰 원인이다. 도시화 진전에 따른 대기오염 문제는 개발도상국을 중심으로 한 지역적 환경문제로 대두될 것이다. 최근 유럽을 중심으로 강화되고 있는 제조업의 책임강화와 다자 간 혹은 양자 간 환경협약은 미래 국제무역의 핵심규범으로 등장할 전망이다.

과학기술의 발전은 그동안 다양한 분야에서 환경압력을 감소시켰다. 경제 및 산업 활동의 효율성 제고, 재생 가능한 자원의 생산성 개선, 대기·토양·수질 오염물질 방출 저감 등이 과학기술의 발전으로 상당한 성과를 거두었다. 예를 들어 2차 전지, 수소 에너지 등 연료저장 및 신재생 에너지 기술은 증가하는 미래 에너지 수요에 대한 적극적인 해결책으로 부상할 것이다. 이에 따라 환경개선에도 크게 기여할 것으로 전망된다.

「기후변화협약」 및 후속 「교토의정서」의 채택으로 국제환경규제의 에너지 부문에 대한 영향이 가시화되고 있다. 이러한 추세는 2020년경에 더욱 강화될 전망이다. 이에 따라 국가 간 온실 가스 배출권 거래 및 청정개발체제 실시 등으로 환경과 관련하여 에너지 분야의 새로운 시장창출과 질서가 형성될 것으로 보인다.

수소 에너지를 비롯한 연료전지 및 신재생 에너지 사용에 대한 세계적인 관심과 정책적 노력이 한층 강화될 것이다. 탈석유화를 위한 수소 에너지의 신기술 산업화가 빠르게 이루어질 것으로 예상된다. 온실 가스 감축 의무 부담이 가시화되고 있고 선진국의 에너지 절약 및 환경 친화적 제품에 대한 수요도 크게 확대되고 있어서 신재생 에너지의 중요성이 더욱 강조될 전망이다.

환경산업은 지식 집약도가 높은 첨단기술을 요하는 산업이므로 향후 수출산업으로서의 성장 가능성이 크다. 특히 환경경영과 관련된 교육, 정보제공, 컨설팅 등의 고부가가치 서비스산업의 성장전망이 기대된다. 환경산업은 물, 공기, 토양오염뿐만 아니라 폐기물, 소음 및 생태계와 관련된 환경피해를 측정, 예방, 제어, 바로잡을 수 있는 제품 및 서비스와 관련된 모든 산업을 지칭한다. 환경산업의 범위는 일반적으로 서비스·설비·자원 부문으로 대별된다.

공해를 발생시키는 요소가 다양하고 복합적이다. 이러한 복잡·다양한 공해요인을 해소하기 위해 환경산업은 플랜트 엔지니어링 등을 포함하는 복합산업이다. 따라서 이러한 특성은 타 산업에서 개발된 기술을 다각적으로 응용하는 산업이다. 이런 이유로 환경산업은 여타 산업과 동반성장하는 종합과학기술산업이 되어야 한다.

국내외 신에너지 기술 수준 비교

구분 분야	기술 수준 비교			
	한국	미국	일본	기타
태양열	100	300	200	EC(300)
태양광	100	200	200	
바이오	100	150	150	
폐기물	100	170	200	
석탄 이용	100	200	150	네덜란드(200)
소수력	100	200	170	스웨덴(350)
풍력	100	300	150	덴마크(350)
수소	100	200	150	
연료전지	100	200	150	
해양	100	500	400	프랑스(500)
지열	100	150	200	

신에너지산업은 기존의 화석 에너지를 청정하게 사용하려는 에너지청정이용산업 분야와 대체에너지산업 분야로 나눌 수 있다. 우리나라의 대체 에너지는 석유, 석탄, 원자력, 천연 가스 이외의 에너지로 태양 에너지(태양열, 태양광발전), 바이오 에너지, 풍력, 소수력, 연료 전지, 석탄액화 및 가스화, 해양 에너지, 폐기물 에너지, 기타 대통령령으로 정하는 에너지(석탄 혼합연료, 지역, 수소 등)로 비교적 폭넓게 정의하고 있다.[22]

신에너지산업은 중장기적으로 높은 성장세를 보일 것으로 전망된다. 그 이유는 국제 환경문제에 따른 화석 에너지 사용에 대한 규제강화와 부존자원의 고갈 때문이다. 따라서 신에너지의 기술개발과 보급확대의 노력이 본격화될 것이다. 국제 에너지 가격이 불안정해지고 기후변화협약에 따른 환경규제가 현실화됨에 따라 신에너지산업의 성장속도가 예상보다 훨씬 빨라질 것이다. 현재 신에너지사업이 선진국 중심체제이나 앞으로는 개발도상국도 본격적으로 참여하게 될 것이다.

환경산업 분야에서 절대적으로 부족한 전문기술인력의 양성을 위해서는 다양한 기술 분야와 연계된 학제적 교육이 필요하다. 그러나 현행 환경공학 분야 교육은 관리인력 위주로 이루어지고 있다. 국가기술자격제도 역시 환경관리인 양성 수준에 머무르고 있다. 따라서 환경을 고려한 설계 또는 엔지니어링 능력을 갖춘 환경기술 전문인력 양성을 위한 교육제도 및 기술자격제도 등의 개편이 필요하다.

지식기반서비스산업, 글로벌 경쟁 시대이다[23]

오늘날 세계경제는 빠른 속도로 '서비스경제화'되고 있다. 이는 나라 경제에서 차지하는 서비스산업의 비중이 빠르게 확대되는 현상을 의미한다. 미국, 프랑스, 영국 등 대부분의 선진국에서 총 고용과 총 부가가치 생산에서 차지하는 서비스산업의 비중은 이미 70%를 상회하고 있으며, 제조업에 특화되어 있는 독일과 일본에서도 서비스산업의 비중이 이미 60%를 상회하고 있다.

경제의 서비스화는 다음 두 가지 측면에서 가속화된다. 첫째, 과학기술의 발달과 자본투입 증대에 따른 생산성향상으로 인해 제조업 부문의 고용이 증대되지 않고 있다. 이는 선진국에서 이미 일반화되고 있는 현상이다. 그 결과 청년실업과 고학력자 실업이 늘고 있다. 둘째, 경제가 선진화될수록 소득이 증가하고 소비자의 욕구가 세분화되고 다양화되며 삶의 질에 대한 욕구가 증대된다. 이는 보다 고급화되고 세분화된 서비스에 대한 수요가 증대되는 것을 의미한다. 따라서 제조업에서 흡수하지 못하고 늘어나는 청년실업과 고급화되는 서비스의 수요증대는 지식기반 서비스산업의 비중을 가속적으로 증가시키고 있다.

선진국들이 서비스산업에 각별히 주목하는 이유는 첫째, 서비스산업에는 수출 가능한 서비스업종 금융, 관광, 국제물류, 사업 서비스업 등이 있다. 최근에는 교육과 의료 서비스도 수출업종으로 부상하고 있다. 둘째, 서비스산업이 '삶의 질'을 높이는 데 중요한 역할을 하기 때문이다. 여기에는 개인 서비스, 사회 서비스, 공공 서비스, 통신 서비스 등이 포함된다. 그러므로 선진경제에서는 제조업이 담당하던 성장동력 기능을 서비스업이 어느 정도 대체하고 있다.

세계 무역시장은 상품의 가격·품질 경쟁력시대에서 서비스 경쟁력시대로 전환될 조짐을 보이고 있다. IBM, 소니, 애플 등 세계적 기업의 경우 기존 제품생산의 가치창출 중심에서 디자인, 브랜드, 마케팅 등 서비스 생산의 가치창출 중심으로 변화하고 있다. 이러한 현상은 선진국과 개발도상국의 분업구도의 변화에서도 잘 나타나고 있다. 선진국 기업들은 부가가치가 높은 연구개발, 마케팅, 브랜드 등 고부가가치 부문에 집중하는 반면 개발도상국 기업은 제품제조 부문(OEM, ODM 등)을 담당하고 있다.

일반적으로 서비스는 내수시장에서만 거래되는 비교역재(nontradable goods)로 인식되어 왔으나 WTO의 서비스 무역에 관한 협정(GATS)을 계기로 서비스 교역 자유화가 시작되었다. FTA 체결 확대 등을 통한 서비스 부문의 교역과 해외 직접투자가 활성화되어 서비스도 점진적으로 교역재로 변신하고 있다. 최근 서비스 산업의 경쟁환경은 국경을 넘어 글로벌 경쟁으로 전환되고 있다.

물론 서비스의 이동이 상품교역과 같이 원활한 것은 아니다. 그러나 인터넷 등 정보통신기술의 혁신과 국가 간 자본의 이동이 증대됨에 따라 서비스의 이동은 과거에 비해 훨씬 용이해지고 있다. 서비스의 글로벌 거래는 해외 유학, 해외 의료 서비스, 관광, 해외 법률 서비스 등 다양한 형태로 나타나고 있다. 이러한 현상은 영화, 음악, 서적, 디자인, 도면, 컨설팅 등 문화창조산업의 산출물까지 확대되고 있다.

따라서 21세기 글로벌 서비스 경쟁시대에는 어떤 서비스를 얼마나 능률적으로 공급하는가가 더 중요하다. 즉, 서비스의 종류와 질적 수준이 중요한 선택의 기준이 될 전망이다. 해외 인터넷 온라인 쇼핑이 일반화되고 있는 시점에서 소비자들은 제품구매 시 원산지보다는 제품의 질과 제품의 가격에 더 많은 관심을 가지고 있다. 차별화가 명확한 서비스 시장에서는 해외 인터넷 거래가 더욱 확장될 것이다.

소프트웨어산업, 문화콘텐츠산업에서는 이미 글로벌 경쟁이 일반화되고 있다. 소수의 기업 또는 특정 국가가 세계 시장을 지배하는 현상을 자주 보이고 있다. 국내 골프 관광객의 경우를 보면, 국내에서 골프를 치는 비용과 서비스의 품질 때문에 동아시아 국가로 골프 여행을 가기도 한다. 일부 선진국에서는 자국보다 더 비용이 싼 의료 서비스를 받으려고 외국에서 치료를 받기도 한다. 고소득층은 보다 질 높은 의료 서비스를 받기 위하여 최고 수준의 선진국 병원으로 가기도 한다.

글로벌 경쟁의 심화는 국내 산업에서 위기요인이기도 하지만, 국제적인 경쟁력을 갖출 수 있는 기회이기도 하다. 전형적인 예로, 대형 유통업의 경우 국내업체가 세계적인 업체(월마트, 까르푸 등)와 경쟁하며 중국 등 해외시장으로 진출하고 있으며 영화산업의 경우 1990년대 중반 20%대를 기록했던 국산영화 점유율이 2000년대에는 평균 50%를 상회하고 있다.

지식기반서비스산업, 미래 신성장 동력이다

경쟁환경에 영향을 미치는 요소가 비단 국제적인 서비스 투자에만 국한된 것은 아니다. 대부분의 국가에서 기존의 전력, 통신, 철도 등 국가자본에 의해 지배되던 사회간접자본 부문을 민영화하고 있는 추세이다. 이러한 서비스 부문의 큰 변화는 서비스의 공급자는 물론 사용자에게도 큰 변화를 야기할 것이다.

서비스산업에서도 혁신과 아웃소싱 그리고 다국적 기업화, 세계 네트워크화 등의 현상이 일어나고 있다. 또한 규모의 경제효과와 네트워크 효과가 다양하게 나타나고 있다. 미래에는 이러한 현상이 더욱 가속화될 전망이다. 통신과 방송에서도 네트워크 효과가 중시되는 것과 같이 소프트웨어, 온라인 게임, 포털 사이트, 메신저 등의 사용에서도 네트워크 효과가 나타나고 있다.

패스트푸드, 컨설팅, 광고 등 서비스 부문은 다국적 기업에 의해 거의 모든 업종에서 세계 네트워크화가 이루어지고 있다. 세계 주요 소프트웨어 기업은 네트워크 효과에 의해 독점화가 강화되고 있다. 영화, 음악 등 문화 콘텐츠 부문에서도 탁월한 능력과 대규모 투자, 마케팅 기법 등을 토대로 세계화가 급속히 이루어지고 있다.

기업의 아웃소싱의 경우도 기존의 부품조달, 제품제조 등 제조 영역에서부터 마케팅, R&D, 회계, 정보화 시스템 관리 등 경영의 핵심적인 영역으로까지 아웃소싱이 확산되는 경향이다. 인도, 아일랜드, 필리핀 등은 미국 소프트웨어 산업의 주요 역외 아웃소싱 대상 국가이다. 최근에는 회계 서비스 등 여타 비즈니스 서비스 부문으로까지 확대되고 있다. 이러한 현상은 미국과 영어가 가능한 인도, 필리핀, 아일랜드 국가 간 활발하게 이루어지고 있다.

1980년대 주요 선진국(6개국)의 산업구조에서 서비스산업의 비중은 평균 7%포인트 증가하는 등 지속적으로 확대 추세이다. 주요 선진국의 국내총생산에서 서비스산업이 차지하는 비중은 2005년을 기준으로 미국 78.8%, 프랑스 73.6%, 일본 69.6% 등 높은 수준을 유지하고 있다. 반면 우리나라의 경우 그 비중이 56% 수준에 머무르고 있다. 앞으로 우리나라 경제가 보다 선진화되고 세계화되어 감에 따라 서비스 부문의 성장 여지가 대단히 크다고 평가된다. 세계 서비스 교역규모는 이미 상품무역의 약 1/4을 넘기고 있다. 한국의 총수출액 중 서비스 수출액 비중은 2008년 기준 17.6%인 데 비해 미국은 40.1%, 프랑스는 26.4%이다.

과거 우리나라는 제조업 위주의 성장을 지속해 왔다. 이로 인해 서비스산업의 중요성이 상대적으로 등한시되었다. 그러나 최근 들어 그동안 우리나라 경제의 성장을 견인해 온 제조업에 대한 투자 부진, 생산비 증가, 생산 설비의 해외 이전 등 제조업에 대한 내외 여건이 계속 악화되고 있다. 우리나라에서도 서비스산업의 중요성이 점차 높아지고 있다.

1990년대 이래 서비스산업의 부가가치 생산액은 꾸준히 증가하고 있다. 2009년도 기준 서비스산업의 부가가치 생산액은 약 536조 원이며 전체 GDP의 55.7%를 차지하고 있다. 2009년도 기준 제조업의 부가가치 생산액은 약 256조 원이고, GDP 대비 부가가치 생산비중은 25.0%이다.

제조업의 생산설비 자동화와 대규모 투자에 의한 규모의 경제로 노동생산성이 급격히 향상되었지만, 반대급부로 고용 기여도는 오히려 점차 감소하는 추세이다. 따라서 서비스산업의 중요도가 부가가치 측면에서보다는 고용부문 측면에서 더욱 커지고 있다.

우리나라 서비스산업의 고용은 2009년도에 1,611만 명으로 전체 취업자 수의 68.5%를 점유하고 있다. 또한 서비스산업의 고용은 절대 규모뿐만 아니라 증가율에서도 제조업보다 훨씬 높은 수준이다.

우리나라의 경상수지는 지난 2008년 미국발 금융위기로 흑자 규모가 32억 달러로 크게 위축되었다. 그러나 2009년에 328억 달러, 2010년에는 282억 달러로 흑자 규모가 다시 회복되었다. 그러나 서비스수지는 2009년의 경제위기 동안 52억 원 적자에서 2010년에는 79억 원의 적자로 적자폭이 다시 커지고 있다. 2006년에는 서비스수지의 적자폭이 133억 달러에 달했다.

서비스산업의 생산성이 가장 높은 국가는 룩셈부르크(276.4)로 우리나라의 약 2.8배 수준이며, 미국(245.7)과 이탈리아(206.3)도 우리나라의 2배 이상의 높은 생산성을 보이고 있다. 한편, 우리나라

서비스산업의 생산성은 비교 대상국 중 멕시코(89.4)와 슬로바키아
(93.4)를 제외한 나머지 모든 국가보다 낮다.

세계 경제가 점차 지식기반경제로 이행됨에 따라 비즈니스서
비스산업[24]이 제조업의 고부가가치화를 위한 필수산업이 되었다.
이는 생산활동에 대한 글로벌화의 심화로 모든 기업이 자사의 비
교우위 분야를 주력공정으로 키우는 한편 그 밖의 분야에 대해서는
세계적으로 가장 경쟁력 있는 기업으로부터 조달하는 것이 가장 효
율적이기 때문이다.

예컨대 선진국 기업들은 제조업의 생산활동 중 핵심공정을 제
외한 그 밖의 분야인 상품기획, 디자인, 엔지니어링, 설비계획, 부
품조달, 판매기획, 사후관리 등을 점차 외부 조달로 전환하고 있다.
종전에는 이들 서비스를 자체 조달했다. 따라서 우리나라의 경우에
도 21세기 지식기반경제로 이행해 나가려면 비즈니스서비스산업
을 전략적 성장산업으로 키워 나갈 필요성이 절실하다.

최근 선진국들의 비즈니스서비스산업이 빠르게 성장하고 있는
이유는 정보통신기술의 발달에 따른 세계화의 빠른 확산이다. 그
외 전문화 및 분업화의 확산, 제반업무[25]에 대한 아웃소싱의 증대,
외부 서비스를 활용하는 소규모 기업의 증가, 기업 내 경영활동에
서의 유연성 증대, 지식기반서비스에 대한 의존도의 상승 등 여러
가지 요인이 복합적으로 작용한 결과이다. 특히 비즈니스서비스의
아웃소싱이 점차 보편화되면서 연구개발, 디자인, 인적 자원, 경영

구분	전 산업	제조업	서비스업
1980년대	2.80	4.97	5.27
1990년대	1.41	-2.07	4.42
2000년대	1.98	0.8	3.05

자료 : 통계청

및 생산조업, 정보기술 기능 및 마케팅 등과 같은 분야가 기업활동에 큰 영향을 미치고 있다.

문화·예술기반 창조산업을 주시하라

하이텍처산업이란 첨단산업과 문화산업이 만나 '융합'이 이루어져 창출되는 고부가가치산업이다. 문화산업에 대한 관심이 본격적으로 구체화된 것은 1980년대 이래 문화산업의 다국적 기업이 등장하면서부터이다.[26] 이때부터 문화산업 부문에 대한 지원과 육성에 관한 국가정책의 관심이 부상하기 시작했다.[27] 문화산업은 수공업 수준의 문화·예술품의 제작까지 포함한다. 문화·예술 분야를 상품화한 모든 산업을 말한다.

이 같은 변화는 우리의 문화산업에 새로운 기회와 위협이 되고 있다. 우선 정보통신혁명은 산업 간, 국가 간, 이데올로기 간의 경계를 급속히 소멸시키고 있다. 세계는 동일한 시간대의 동일한 정보공간으로 통합되고 있다. 한 나라가 독자적 문화특성을 바탕으로 대외경쟁력을 확보하지 못할 경우 문화적 종속을 강요당할 수도 있다.

문화산업 중 가장 성장이 유망한 분야가 영상산업과 콘텐츠산업이다. 21세기에는 세계가 정보화사회로 빠르게 전환될 것이다. 문화산업의 핵이라 할 수 있는 콘텐츠 부문, 즉 하이텍처산업이 정보산업을 주도하게 될 것이다.

세계 각국은 소득이 증대되고 세계화가 빠르게 진전됨에 따라 여가활동이 국민의 일상생활에서 차지하는 비중이 점차 늘어나고 있다. 이에 따라 문화산업이 차지하는 경제적 위상도 높아지고 있다.[28] 또한 의료기술의 발달에 힘입어 인류의 수명은 지속적으로 연장되고 있으며, 소득과 시간면에서 여유를 갖게 된 노인층의 문화수요도 점차 확대되었다. 젊은 층의 교육기회가 꾸준히 증가한 것도 문화수요의 증대를 가져왔다.[29]

문화산업이 글로벌 기업으로 등장한 가장 중요한 요인은 정보통신 기술의 발전이다. 20세기 막바지에 시작된 디지털 기술혁명은 문화 콘텐츠의 생산과 유통 체계의 혁신을 가능하게 했다. 디지털 방식에 따른 정보의 압축기술로 영상, 그림, 문자, 음성, 음향 등 서로 별개로 존재했던 신호체계를 전자적인 진동 형태로 통합이 가능해졌다.

이에 따라 모든 신호체계가 유무선의 다양한 네트워크를 타고 빠른 속도로 전달될 수 있게 되었다. 각양각색의 문화 콘텐츠 간에 존재하던 벽이 빠른 속도로 허물어지고 있다. 더욱이 광통신망과 위성전송기술의 확산으로 각종 문화 콘텐츠가 소비자에게 전달되는 데 걸림돌이 되었던 시공의 제약이 제거되었다. 이는 문화상품과 서비스에 대한 새로운 시장의 빠른 출현을 가능하게 했다.

애니메이션산업의 세계 시장 규모는 아직까지 정확하게 집계되어 있지는 않으나, 대략 전 세계 영상산업 매출액의 4분의 1 수준으로 추정[30]하고 있다. 애니메이션산업을 크게 극장용과 TV 등으로 나누어 보면 TV용 애니메이션 시장이 전체의 90% 정도를 차지하고 있다.

세계 애니메이션 시장은 사실상 미국과 일본 시장으로 양분되어 있다. 이밖에 프랑스, 영국, 캐나다, 이탈리아 등도 애니메이션산업의 성장잠재력을 과시하고 있다. 필리핀, 중국, 베트남 등 아시아권 국가도 애니메이션산업의 육성에 박차를 가하고 있다. 향후 세계 애니메이션산업의 주요 성장요인은 새로운 방송 채널의 증가, 어린이용 독립 만화전문 채널의 증가, 민간 TV 방송국의 증가 등이다. 또한 아직 개발되지 않은 남아메리카 시장 역시 향후 애니메이션의 잠재시장이 될 수 있다.

게임소프트웨어산업은 영상 멀티미디어, 반도체, 가전, 초고속 통신망, 문구 및 완구, 캐릭터, 군사용 소프트웨어 개발 등 관련 산업에 커다란 파급효과를 일으킴으로써 21세기 유망 산업으로 새롭게 주목받고 있다. 이에 따라 전자업체, 컴퓨터 소프트웨어업체, 통신 및 방송사 분야의 각국 유수 업체는 게임산업의 선점화를 적극 모색하고 있다. 그동안 게임 소프트웨어 시장은 TV를 기반으로 한 가정용 비디오 게임이나 업소용 아케이드 게임을 중심으로 발전했으나 멀티미디어 PC와 인터넷 보급이 확대됨에 따라 PC 게임과 온라인 게임 시장도 급속히 확대되고 있다.

한편, 세계 지역별 게임 소프트웨어 시장은 미국, 일본, 서유럽 국가에 의해 3분되어 있다. 일본은 세계적 규모의 애니메이션 및 만화산업을 기반으로 세계 아케이드 및 비디오 게임 시장의 90% 이상을 장악하고 있다. 미국은 풍부한 자본과 다양한 콘텐츠, 경쟁력 있는 아이디어 등을 바탕으로 PC용 게임 분야에서 세계 시장의 70% 정도를 석권하고 있다. 그러나, 인터넷의 급속한 보급과 발달로 게임간 융합과 함께 온라인 게임 시장이 가장 빠른 속도로 발전하고 있고, 특히 우리나라의 성장은 가히 세계적인 수준이다.

최근 음악 콘텐츠의 전송 및 압축 기술의 발달 및 뮤직 비디오에 대한 수요가 증가하고 있다. 이에 따라 대중음악의 국제화 및 음악산업의 영역 확대가 이루어지고 있다. 또한 음반자본의 대형화 추세에 따라 주요 선진국의 세계 시장 진출이 현저해지고 있다.

한편, 음반산업의 기술 동향을 살펴보면, 음성압축기술의 고도화와 인터넷 비즈니스의 확대라는 기술혁신이 레코드업계를 비롯한 음악업계에 혁명을 일으키고 있다. 아직 저작권 침해문제가 완전히 해결되지는 않은 상태이지만 디지털 기술을 이용한 영상전송

기술의 출현은 인터넷 유통 방식의 변화와 맞물려 음악업계에 상당한 지각변동을 일으키고 있다.

음성과 정보의 압축기술인 MP3[31]의 보급은 세계 음원매출의 대부분을 차지하는 레코드업체에 커다란 충격을 주고 있다. MP3는 기존 매체인 LP나 CD 등으로부터 디지털화된 음악 파일을 인터넷으로 송신하거나 컴퓨터에 보존한다. MP3 파일로 변화된 음악 파일은 쉽게 복사할 수 있어 전자 메일이나 인터넷으로 유통될 수 있다.

6장
물류, 신성장 동력이다

로지스틱스(logistics), 즉 '종합화물유통'은 원자재 조달에서부터 최종 소비자에게 도달할 때까지 화물(원자재 및 제품)의 흐름을 시간적으로 최소화하고 거리상으로 최소화하기 위하여 이루어지는 모든 기업활동과 정부정책을 하나의 연결된 시스템으로 연구하는 분야이다. 따라서 '종합화물유통'은 완제품의 유통뿐만 아니라 원부자재의 조달까지를 포함하는 개념이다. 또한 도로·항만·철도 시설과 정부의 행정 절차 및 규제 등 물리적 사회간접자본 형성과 제도적 사회간접자본 형성과 연관된 활동까지를 포함하는 종합적 개념이다.

물류(logistics)산업은 지난 1980년대 중반 이전까지만 해도 다른 산업에 비해 매우 낙후된 업종이었다. '지식기반산업'이라기보다는 '노동 집약적 운수산업'으로 기업의 부가가치 창출면에서나 국가경영면에서 별로 주목받지 못했다. 그러나 1980년대 중반 이후 정보산업기술의 급속한 발전에 따라 물류산업도 지난 15여 년 동안 통신산업과 더불어 '첨단IT 고부가가치산업'으로 환골탈태했다.

우리나라의 운수업의 경우 최초의 화물운송의 주된 수단은 '지게'와 '우마차'였다. 1970~1980년대에는 '용달차'로 변신했다. 지금은 대형 트럭과 철도 및 항공수송이 주를 이루고 있다. 현재 우리나라의 운송업을 선진국과 같이 '첨단IT 고부가가치산업'으로 발전시키기 위해 노력하고 있다. 우리나라에서는 대한통운이 대표적인 물류기업이라고 할 수 있다. 우리나라의 대한통운도 언젠가는 세계의 빅4인 FedEx, DHL, UPS, TNT 등과 같은 수준의 물류기업이 되기를 기대해 본다.

지역물류센터를 유치하라

최근 들어 글로벌 물류 환경이 크게 변하고 있다. 세계 경제는 최고의 경쟁력을 갖춘 기업만 생존할 수 있는 시대로 접어들었다. 그러므로 21세기 글로벌 기업들은 세계적인 네트워크를 보유한 다국적 물류기업인 이른바 '빅4기업' 혹은 '물류 메이저'라고 할 수 있는 DHL, FedEx, UPS, TNT의 종합적 서비스를 받을 수 있는 지역에 위치하고자 한다. 그 이유는 고부가가치 창출 기업은 원자재를 조달하는 것에서부터 생산제품이 소비자의 손에 들어갈 때까지의 모든 연결사슬을 한 업체가 관리해 주기를 바란다. 그 이유는 이른바 '공급사슬관리(Supply Chain Management, SCM)' 능력을 갖춘 빅4 글로벌 물류기업의 서비스를 받아야 최고의 경쟁력을 확보할 수 있기 때문이다.

또한 원자재 및 완제품의 재고를 효율적으로 관리하기 위해 세계 중요 지역에 이른바 '지역물류센터(Regional Distribution Center, RDC)'를 설치하고 있다. 지역물류센터(RDC)는 유럽 물류센터의 혁신적인 성공 사례를 본받아 북미주 지역과 아시아 지역으로 확산되고 있다. '동남아시아의 물류센터'인 싱가포르의 경우 연간 외국인 직접투자(Foreign Direct Investment, FDI) 규모가 약 200억 달러 수준에 달한다(우리나라의 FDI는 2009년 약 67억 달러, 2010년 약 54억 달러). 이는 제주도의 3분의 1 규모의 국토와 인구 400만 규모의 작은 도시국가로는 대단히 큰 규모이다. 그런데 싱가포르 FDI의 대부분이 물류산업에 투자되는 것이 아니라 제조업에 투자되고 있으며, 약 20%만이 물류산업에 투자되고 있다. 이는 빅4 물류기업이 입주한 '지역물류센터'의 유치가 얼마나 능률적으로 고부가가치 첨단제조업의 유치에 도움이 되는지를 대변해 주고 있다.

그렇다면 우리가 지역물류센터를 유치하여 빅4 물류기업이 입주한 동북아시아의 '물류중심국가'로 발전할 수 있을까? 이를 위해 어떠한 사전여건을 갖추어야 하는가? 물론 지리적인 위치로 보나 경제발전 단계로 볼 때, 동북아시아 지역의 물류거점으로 발전하기에는 한반도가 최적지이다. 더욱이 중국의 빠른 경제성장과 부족한 물류 인프라와 정보시설을 감안할 때, 부산과 광양, 인천~시흥~평택~아산만으로 이어지는 이른바 '경기만 벨트'는 동북아시아 물류기지로 최적지이다. 현존하는 우리나라 대규모 배후공단은 세계 최고의 경쟁력을 갖춘 고부가가치 첨단제조업을 대대적으로 유치할 수 있는 지역이다.

중국이 개방하기 전에는 싱가포르가 동아시아의 지리적·경제적 교류중심이었다. 그런데 거대 중국이 개방과 동시에 빠른 속도로 경제가 성장하고 있으므로 머지않아 세계 제1의 경제대국이 될 것이다. 따라서 지리적·경제적으로 볼 때 한국이 동아시아의 물적·인적 교류 중심지인 물류허브(중심) 국가가 될 수 있는 천혜의 위치를 점하고 있다.

그런데 왜 아직도 한국이 물류의 허브국가가 되지 못하고 있는가? 아직도 지리적·경제적으로 변두리에 있는 싱가포르가 물류허브 역할을 하고 있다. 최근에는 홍콩과 상하이가 물류 중심지로 부각되고 있다. 동북아시아 지역 혹은 동아시아 지역의 물류허브가 되려면 어떠한 여건들이 갖추어져 있어야 하는가? 세계의 물류 메이저(물류시장의 큰손)인 DHL, TNT, FedEx, UPS 등이 한국에 동아시아의 '지역물류센터'를 건설하여 둥지를 틀게 하려면 어떠한 여건이 선행되어야 할까?

　　최근 첨단제조업체는 제품의 최종 완성을 연기하는 전략(post-ponement strategy)을 선택하는 추세이다. 그 이유는 제품의 수명주기가 극도로 단축되고 소비자의 취향이 다양하고 빠르게 변화하고 있기 때문이다. 이러한 추세로 볼 때 첨단제조업을 위한 배후 공단 지역이 함께 위치하고 있는 RDC가 첨단제조업의 집적화(cluster)를 이룰 수 있을 것이다. 인천·남동~반월·시화~평택·아산의 경기만 일대와 부산·광양의 남해안 일대가 한국의 동북아시아 지역의 물류센터로 최적지가 될 것이다.

대한민국, 동북아 물류허브가 될 수 있다

해운산업연구언(KMI)원장 취임 후 반 년쯤 지났을 때 로지스틱스(Logistics)라는 단어를 알게 되었다. 우리나라에서는 군에서 쓰는 말로 '병참'으로 알려진 단어이다. 앞으로 이 문제가 중요한 과제로 제기될 것이라는 생각이 들었다. 필자는 수석연구원 3명을 지정하여 한 사람은 미국, 한 사람은 유럽, 한 사람은 일본의 로지스틱스와 물류에 관련된 논문을 조사하여 요약하도록 했다. 약 2개월 후 제출받은 로지스틱스 관련 논문요약집을 열심히 탐독하면서 로지스틱스의 기본개념과 각 나라의 응용현황은 물론 로지스틱스산업

하와이 동서문화센터에서 물류관련 컨퍼런스(참석자: 남덕우 전 총리, 이승윤 전 부총리, 고병우 전 건설부장관, 박승 전 한은총재, 김윤형 전 외대교수, 필자 등)

의 미래전망과 세계 경제에 미칠 영향에 대해 전반적으로 이해하게 되었다.

전문가들은 로지스틱스가 21세기 제3의 부가가치원이 될 것이라고 예상하고 있다. 또한 공급사슬경영(supply chain management)이 세계 경제운영에 큰 충격을 던져 줄 것이라고도 한다. 1980년대 말까지만 해도 우리나라에서는 로지스틱스가 21세기에 얼마나 중요한 사업이 될지에 대한 언급이 별로 없었다. 그런 시기에 해운산업연구원이 로지스틱스의 중요성을 정부 및 업계에 알리기 시작했다. 세계은행 전문가들을 포함한 세계적으로 권위 있는 전문가를 초빙하여 매년 국제심포지움을 개최했다.

그 후 로지스틱스의 개념과 중요성이 우리나라에도 점차 알려지기 시작했다. 이는 해운항만청과 그 후 해양수산부가 물류의 중요성을 강조하게 된 계기가 되었다. 이 일을 위해 노고를 아끼지 않고 성실하게 연구하면서 어려운 국제행사를 모두 성공적으로 치러낸 당시 해운산업연구원 가족 여러분께 필자는 늘 감사한다. 아마도 이러한 일들이 오늘날 한반도를 동북아시아의 비즈니스 중심, 물류중심, 경제교류 중심국가로 발전해야 한다는 주장의 기초가 되었을 것이다.

컨테이너 물동량 전망치, 2배로 늘려라

1987년 어느 봄날 두 사람의 대화내용이다.

"해운항만청 산하에 해운기술연구원이 있습니다. 이 연구원의 연구능력을 한국개발연구원 수준으로 끌어올릴 계획입니다. 우리나라 해운·항만 분야의 발전을 뒷받침하는 데 손색이 없는 연구원으로 키워야겠습니다."

1980년대 초 세계 해운경기가 하향국면으로 접어들기 시작했다. 세계 대형선사들이 중고선박을 내다팔고 있었다. 그런데 우리나라는 거꾸로 수출을 뒷받침한다는 명분하에 중고선박을 대량 사들였고 정부는 중고선박 확보자금을 지원했다. 우리나라 대형선사들은 대부분 극심한 해운불황으로 은행원리금 상환 능력을 상실했다. 정부는 우리나라 수출을 뒷받침하려면 대형선사들의 도산은 막아야 했다. 이른바 '해운산업 구조조정'을 통해 대형선사를 구제해야 했다.

대화는 다시 계속되었다.

"앞으로 이러한 '해운산업구조조정' 같은 어려움이 재발되지 않으려면 세계 수준의 해운·항만 관련 경제정책연구원이 꼭 필요합니다. 송 박사를 해운기술연구원장으로 추천하고자 합니다."

"해운·항만 분야는 제게 생소한 분야인데 제가 잘 할 수 있겠습니까?"

"어차피 해운·항만에 관한 경제정책연구원입니다. 해운항만청은 교통부산하 청이지만 정책 수립과 집행을 동시에 담당하는 기관입니다. 송 박사는 한국개발연구원과 산업연구원에서 경제정책에 관한 연구 경험이 풍부하므로 잘 해낼 것입니다. 이번에 청장도 바뀌는데 송 박사께서 잘 아는 분이 임명될 것입니다."

"부족하지만 나라 발전에 조금이라도 도움이 된다면 최선을 다하겠습니다."

당시 경제수석비서관인 사공일 박사(전 재무부장관)와 필자의 간단한 대화내용이다. 그때 임명된 청장은 조경식 청장, 후에 농림부장관을 역임했다. 그다음 후임으로 진념 청장(후에 경제부총리 역임)이 임명되었다.

이러한 인연으로 필자는 1987년 5월 해운기술원(후 해운산업연구원으로 개칭) 원장으로 취임했다. 1991년 7월 산업연구원 원장으로 자리를 옮길 때까지 봉직했다. 취임한 지 몇 달 되지 않았을 때였다. 우리나라 컨테이너 수요가 약 100만 TEU를 조금 넘었을 때였다. 그런데 2001년 공식 컨테이너 수요 전망치가 350만 TEU라는 보고를 받고 깜짝 놀랐다. 국내외 경제전망과 한국의 지리적 위치로 볼 때 2001년 700만 TEU도 부족할 것 같았다. 그런데 350만 TEU라는 전망치는 너무 부족하다는 생각이 들었기 때문이다.

필자는 한국개발연구원 재직 시 총량분석실장으로 있으면서 우리나라 제 4, 5차 경제개발 5개년 계획의 총량 부분과 중요 산업 부분의 투자전략을 담당했다. 그때 주요 산업별 수요 전망과 경제성장 전망이 핵심 업무였다. 컨테이너 수요 전망은 다시 시작되었다. 2001년(당시 14년 후) 컨테이너 수요 전망이 690만 TEU로 확정했다. 이때 전망치가 갑자기 2배로 늘자 항만청 담당관들은 힘겨워했고 예산실과 감사원에서도 문제를 제기했다. 그러나 예산실과 감사원이 이해하도록 설득했다.

14년 후인 2001년 실적은 약 900만 TEU였다. 일본 지진으로 고베항이 손상되어 생긴 추가 환적화물 증대를 감안한다면 전망치는 거의 실적치에 접근한 셈이다. 그때 전망치 350만 TEU를 근거로 항만시설을 건설했다면 1990년대 후반부터 수출입물량을 제대로 송출하지 못하여 경제성장에 큰 장애요인이 되었을 것이다.

7장

한국, 동아시아 경제공동체 핵심국가

동아시아 경제공동체 조정자, 촉진자

앞으로 동아시아경제공동체 시대가 도래할 것이다. 최근 동아시아 지역은 유럽과 북미 지역에 이어 세계 3대 경제축으로 부상하고 있다. 2040년이 되면 세계 경제의 40%를 동아시아가 차지할 것임에도 불구하고 동아시아 지역에는 아직도 지역경제협력체가 구성되지 못하고 있다.

유럽연합이 본격적으로 유로화를 사용함에 따라 동아시아에서도 경제 블록의 중요성이 다시 강조되고 있다. 따라서 일차적으로 한·중·일 3국이 우선 동북아시아의 경제협력체로 모아져야 한다. 이 공동체의 구성을 저해하는 요인도 만만치 않다. 우선 한·중·일 3국 간 정치체제 및 경제발전 수준이 다르다는 점과 일본의 과거사

문제와 북한 핵문제 등이 방해요인으로 작용하고 있다.

그러나 머지않아 이 3가지 제약요인이 상당히 완화될 것이다. 그 이유는 한·중·일 간 문화의 동질성이 재발굴되는 시기가 올 것이기 때문이다. 또한 3국 모두 지난날의 어려움보다는 앞으로의 지역 평화와 번영을 더 소중하게 추구하는 시기가 반드시 도래할 것이기 때문이다.

앞으로 3국 간의 자유무역협정은 어떤 방법으로든 진전이 될 것이다. 최근 들어 일본은 3국 간의 자유무역협정을 추진하는 데는 한국이 가장 중요한 역할을 해 주어야 한다는 주장을 자주 하고 있다. 그리고 아시아태평양경제협력기구(APEC)는 무역 및 투자자유화를 2020년까지 시행하는 한편 ASEAN 역시 무관세를 2015년까지 시행하려고 계획하고 있다. 따라서 동북아 3국의 주변여건 변화 그리고 3국 경제가 세계 경제에서 차지하는 중요도 등을 감안할 때 한·중·일 3국 간의 대립 관계는 궁극적으로 경제협력 관계로 변할 것이며 더 나아가서 동반자 관계로 변할 수밖에 없다.

유럽의 경우도 지금으로부터 50여 년 전인 제2차 세계대전 직후 어느 누구도 오늘날과 같은 유럽연합이 구성되리라고는 생각하지 못했다. 그러나 전쟁이 끝난 후 참담한 유럽경제를 복구하는 과정에서 지역지도자들이 끊임없이 대화와 토론의 장을 마련하면서 오늘날 유럽공동체시대라는 유럽의 새시대를 연 것이다. 앞으로 20여 년 후에는 동북아시아 지역에도 우선 지역 특유의 '동북아경제공동체(Northeast Asia Economic Community, NAEC)'가 구성될 것이라는 것이 많은 전문가들의 견해이다. 이를 기초로 하여 '동아시아경제공동체(East Asia Economic Community, EAEC)'도 이어서 구성될 것으로 전망된다.

현재 동아시아는 문명적 전환기에 놓여 있다. '서구적 근대화'가 20세기를 주도했다고 한다면 이제는 아시아적 문화와 서구문화의 융합에 바탕을 둔 '새로운 글로벌화'가 21세기를 주도하게 될 것이다. 지난 30여 년간 중국이 급부상하고 최근 러시아가 안정적으로 발전함에 따라 동북아시아 지역 국가 사이에서는 외교 및 경제적 유대의 필요성이 강조되고 있다.

과거에는 한·중·일 3국이 서로 대립하고 피해를 주는 관계였으나, 이제는 경제적 협력은 물론 역사적·문화적 동질성을 재발굴할 필요가 있다. 그런데 한국이야말로 지리적 위치로 보나 경제발전단계로 보나 동북아시아 지역에서 가장 중도적 입장에 있다. 또한 국가규모로 볼 때도 중·러·일·미 4강에 비해 작기 때문에 경계 대상에서 벗어나 있다.

따라서 한국은 동북아시아 지역의 역사적·문화적 동질성의 재발굴과 경제협력체의 구상과 실현에서 중계자로서의 핵심역할이 가능한 나라이다. 또한 다양하고 다층적인 역내 갈등과 경쟁을 완화시키는 총무·간사로서의 역할을 담당하기에 충분한 역량을 지니고 있는 나라이다. 또한 동북아경제공동체의 촉진자로 가장 적합하고 이상적인 나라로 평가받고 있다.

유럽에서는 제2차 세계대전 이후 전쟁재발을 방지하기 위해 전쟁 필수품인 석탄·철강의 생산과 유통을 감시하는 소규모 협력체가 생겼다. 이것이 성장·발전하여 유럽공동체가 탄생하는 모체가 되었다. 동북아시아에서도 이와 같은 산업별 공동체가 전쟁방지 목적이라기보다는 경제협력의 목적으로 생겨날 것이다. 예컨대, 우선 동북아시아의 관광공동체, 동북아시아의 물류공동체 등이 산업별로 하나씩 생겨나면 결국 동북아경제공동체 시대의 길이 열릴 것이다.

동북아시아의 관광공동체가 생긴다면 러시아, 중국, 일본, 한국 중 중도적인 입장이며 지역 헤게모니와 관계없는 한국이 동북아시아의 관광공동체 구성의 추진자로 핵심적인 역할을 할 수 있을 것이다. 이렇게 되면 우리나라는 4강 사이에서 중도적 역할을 하면서 동북아공동체의 추진자이고 매개자로 동북아시아 지역의 핵심국가로 발전할 수 있게 된다.

한국이 동북아공동체의 총무·간사 역할을 맡는다면 세계 열강도 총무·간사인 한국을 가볍게 대하지는 못할 것이다. 우리나라 경제규모는 세계 시장의 40%를 점하게 될 동아시아 시장에서 비록 작지만 핵심국가로 동아시아 지역의 평화와 번영에 크게 기여할 수 있다.

동북아경제공동체 구상의 중대한 과업이 잘 추진되려면 크고

한국 동북아 지식인 연대운동 및 2001 인천선언, 최기선 시장과 함께(2001.11.29)

작은 모든 일을 도맡아 추진할 '촉진자' 혹은 총무·간사가 필요하다. 총무·간사는 타 문화를 이해하고 존중할 줄 알아야 한다. 혹자는 한국이 동북아시아의 경제공동체의 총무·간사보다는 회장단의 나라가 되기를 원할 수도 있다. 그런데 만일 한국이 유럽에 있다면 비교적 큰 나라이지만, 동북아시아 지역에 있는 한국은 세계 최강대 국가에 비하여 그 규모가 작은 나라이다. 회장단의 나라가 되기에는 규모가 너무 작다.

한국은 지리적 위치와 나라 규모에 대한 현실을 스스로 인정해야 한다. 동시에 강대국에 둘러싸여 있다는 위기의식을 온 국민이 인식하고 공유해야 한다. 우리의 생존과 지속가능한 발전 전략을 지혜롭게 구사해 나가야 한다. 유럽의 스위스나 네덜란드는 강대국에 둘러싸여 있기 때문에 항상 긴장을 늦추지 않는다. 강소국인 스위스와 네덜란드를 지혜롭게 운영해 나가는 모습은 우리에게는 롤모델이 될 수 있다. 작은 규모의 나라가 강대국에 둘러싸여 있다는 불리할 수도 있는 지리적 위치를 긍정적인 관점에서 적극 활용한다면 오히려 국가발전의 중요한 자원으로 활용할 수 있다.

필자는 "한국동북아지식인연대"의 공동대표로서 인천대학교 박제훈 교수와 더불어 2001년 11월 28~29일 한·중·일 국제 세미나를 개최하고 '동북아경제공동체(Northeast Asia Economic Community, NAEC)'에 관한 '인천선언 2001.11.29'를 발표했다.

한국은 열린 경제를 통해 규모는 작지만 그 역할면에서 동북아시아 지역경제의 핵심국가가 되어야 한다. 따라서 동북아시아 지역에서 물리적으로 작은 한국이 세계로 뻗어갈 수 있으려면, 대외 개방체제의 세계화 트렌드를 온 국민이 이해하고 대응전략에 대한 국민적 공감대를 지혜롭게 형성해 나가는 것이 급선무이다. 앞으로 우리나라가 대외개방을 반대하는 수많은 척화비를 다시 세우고 문을 닫고 산다면 새로운 발전의 길을 모색해 나가기 어렵다. 한일병합이나 병자호란 같은 국가적 위기와 치욕이 다시 발생하지 않는다는 보장을 그 누구도 할 수 없다.

동아시아 경제공동체 핵심국가 여건조성

우리나라는 한·중·일 3국의 '동북아경제공동체'가 체결될 즈음에는 선진국에 진입해 있어야 한다. 동아시아의 핵심국가 기능을 부족함 없이 이행할 수 있는 경제적 능력을 구비해야 한다. 차세대 신성장 동력을 성공적으로 창출·육성할 수 있어야 한다. 비록 강대국에 둘러싸여 있지만 동북아공동체 구성의 핵심국가 역할을 충분히 해내야 한다. 이를 위해 우리나라는 다음과 같은 여건을 빠르게 지속적으로 조성해 나가야 한다.

이러한 여건 조성을 경제에서는 넓은 의미의 사회간접자본이라고 한다. 사회간접자본은 그 특성상 수입이 거의 불가능하며 사전적으로 투자해야만 하는 특수성을 지니고 있다. 다음과 같은 다섯 가지의 넓은 의미의 사회간접자본을 서둘러서 조성해야 한다.

첫째, '윤리적·정신적 사회간접자본'의 형성이다. 국가의 기본질서를 유지하는 데 절대적으로 필요하다.

창의성과 생산성 향상의 주체는 사람이다. 사람들의 언행을 좌우하는 것은 마음이다. 온 국민이 옳은 윤리관을 바탕으로 창조적인 일을 하고 싶은 마음이 생기도록 동기를 부여하는 일이 가장 중요하다. 창조적인 일에 대한 올바른 평가기준이 설정되고 그 기준이 지켜질 때 비로소 창조적 일을 하고 싶은 동기가 생긴다. 이러한 기본질서의 확립은 창조적인 경제활동의 근본 바탕이 되는 것이다.

이를 위해 동양의 연고주의를 하루속히 근절하고 선진국 수준의 엄격한 윤리적 질서와 준엄한 법질서가 확립되어야 한다. 지도층의 명예의식과 노블리스 오브리제가 정착되어야만 선진국으로의 완전 진입이 가능하다.

둘째, 지적·문화적 사회간접자본의 형성이다. 하이테크와 문화·예술산업을 뒷받침할 교육 연구개발 및 문화·예술기관의 세계화가 신행되어야 한다. 고급인력과 고급문화 및 예술인을 체계적으로 양성하는 동시에 기술개발 및 문화수준 향상을 위한 투자를 꾸준히 확대해 나가야 한다.

예컨대 우리나라는 경제개발 5개년 계획의 첫해인 1962년 이후 약 30년 동안 제조업은 연평균 약 15%의 고속성장을 했다. 이러한 제조업의 빠른 성장은 연평균 약 9%의 높은 경제성장을 가능하도록 했다. 제조업이 연평균 15% 성장했다면 30년 동안 약 65배 성장했음을 의미한다. 만일 우리나라가 공과대학 졸업자를 미리 양성해 놓지 않았다면 과연 이러한 제조업 성장이 가능했을까? 향후 경제성장의 성패는 하이테크와 문화산업의 육성과 이를 뒷받침할 만한 고급인력과 창의적 문화인력의 양성에 달렸다.

대학의 경쟁력 수준이 곧 그 나라의 경쟁력 수준이다. 우리나라 대학의 경쟁력을 선진국 수준으로 끌어올리려면 어떻게 해야 할까? 미국에 유학하는 총유학생 중 인구 5,000만 명당 한국 유학생이 중국, 인도보다 더 많은 이유는 무엇일까? 왜 한국의 대학을 두고 세계에서 가장 많은 학생이 외국으로 유학 가기를 선호할까?

셋째, '제도적인 사회간접자본'의 형성이다. 한국 경제를 원만하게 운영해 가는 데 필요한 각종 법률, 규정, 조직이 선행되어야 한다.

시장경제를 바탕으로 하는 모든 제도와 관행을 우리 문화와 여건에 맞도록 개편, 정착해 나가야 한다. 낡은 제도와 관행으로 인해 얼마나 많은 낭비요소가 존재하는가? IMF 외환위기와 미국발 금융위기를 통해 정부개혁, 금융개혁, 기업개혁, 노동개혁이 상시적으로 추진되는 시스템이 정착된다면 선진국 수준의 제도적 사회간접자본 형성을 앞당기는 데 크게 기여할 것이다. 만일 이런 호기를 놓친다면 제도적 개혁은 당분간 기대하기 어려울지도 모른다.

넷째, '물리적인 사회간접자본'의 확충이다.

수출과 산업생산의 애로사항인 도로, 항만, 창고, 내륙 컨테이너기지 건설 등을 우선적으로 추진하여 종합화물유통체제를 구축하는 한편 도시 교통문제도 시급히 해결해야 한다. 1980년대 중반 이후 급속한 경제성장으로 화물 유통량이 크게 증가한데다 승용차까지 급증하여 수송수요가 폭발적으로 증가했다. 경부, 경인, 남해 고속도로 등에서 주행 소요시간이 계속 늘어나고 있다. 원활한 교통소통이 필요한 때이다.

다섯째, 정부정책 결정의 민주화라는 '사회간접자본'의 형성이다.

몇 사람의 지도층이 정책을 결정하여 집행부에 내려 주는 이른바 톱다운(top-down) 방식으로는 복잡다단한 경제문제를 해결해 나가기 어렵다. 정책의 일관성을 유지하고 효율을 제고하려면 참여와 합의를 바탕으로 하는 경제정책 운용방식을 정착시켜야 한다.

정부는 정책의사결정에 대한 경제주체의 참여 기회를 적극적으로 개방하여 새로운 경제환경 변화에 보다 능동적으로 대처할 수 있는 능력을 키워야 한다. 권위주의에 따른 소수 독단, 상의하달(上意下達) 및 대외비 방식의 의사결정 관행을 과감히 청산해야 한다.

다양하고 복합적인 경제문제에 대하여 국민의 지혜를 총집결해 풀어 나가는 민주적인 경제운용방식을 정착시켜야 한다. 이는 현 정부가 추구하는 소통을 바탕으로 한 민주주의와 시장경제의 발전을 병행하는 전략과 그 맥을 같이한다. 그런데 아직도 과거 일사분란하게 추진하던 톱다운 국가경영 방식에 대한 향수를 버리지 못하고 있다면 세계화와 선진화 과정에서의 복잡다단한 경제·정치·사회·문화의 과제를 현명하게 풀어가기가 힘들 것이다.

이렇듯 상기 5가지 넓은 의미의 사회간접자본이 제대로 형성된다면 다가오는 21세기에는 비록 한국이 동북아시아 지역에서는 그 규모가 작은 나라(유럽 기준으로 큰 나라)이지만 동아시아 지역의 균형발전과 번영을 이룩하는 데 핵심역할을 담당할 수 있을 것이다. 이러한 넓은 의미의 사회간접자본을 형성해 나가려면 국가경영 전략의 장기구상과 실천방안을 서둘러 강구하는 동시에 이에 대해 소통을 바탕으로 한 국민적 공감대를 형성해 나가야 한다.

그런데 이러한 광의의 사회간접자본 형성을 한반도 전체로 확산하기에는 현실적으로 상당한 시간이 필요하다. 따라서 일차적으로 '국제자유도시' 혹은 '경제자유구역'을 설정하고 그 특정 지역에 광의의 사회간접자본 형성을 집중할 필요가 있다. 그리하여 개혁·개방의 새로운 발전전략을 적용하는 '새로운 판짜기'를 계획하고 실천한다면 비교적 짧은 시간 내에 한국의 경제자유지역과 국제자유도시가 기업하기 좋은 지역으로 환골탈퇴할 수 있을 것이다.

인천경제자유구역의 경우, 21세기 첨단산업과 하이테크문화시대에 걸맞은 동북아시아 지역의 중심도시로 발전할 수 있을 것이며, '동북아경제공동체'가 구성될 경우 그 본부가 바로 '송도국제도시'에 위치할 가능성이 매우 높다고 생각한다.

경제자유구역과 국제자유도시에 광의의 사회간접자본이 성공적으로 조성되어 한반도 전체로 확산된다면 한반도 전체가 명실상부한 동북아시아의 교류 중심국가로 발전하는 기폭제 역할을 하게 될 것이다. 그러나 경제자유구역이나 국제자유도시의 건설 없이 처음부터 한반도 전체에 광의의 사회간접자본 형성을 확산해 나가기는 어려울 것이다. 그 이유는 기득권 세력의 강력한 저항을 감당하기 힘들 것이며, 막대한 재원조달이 불가능하기 때문이다. 또한 소요되는 긴 세월 동안 동아시아의 정치적·경제적 환경이 크게 변하여 한국이 동북아시아 지역에서의 핵심역할을 담당할 기회를 잃을 가능성이 크기 때문이다.

결국 '경제자유구역'과 '국제자유도시'가 성공적으로 건설되면 한반도는 동북아시아 지역의 교류 중심국가로 발전하고 지역 균형 발전에 핵심국가로 등장하는 첫걸음이 될 것이다. 또한 경제자유구역과 국제자유도시에서는 서구의 합리적 법치주의에 바탕을 둔 준엄한 법질서의식과 지식지도층의 명예의식과 아시아적 따뜻한 윤리적 가치관을 융합하여 새롭고 이상적인 모범도시로 발전해야 한다. 이러한 새롭고 전략적 결단을 단행하려면 국가경영 전략의 중장기 구상과 실천방안을 서둘러 마련하는 동시에 국민적 공감대를 형성해 나가야 한다.

경제자유구역에 집중 투자하라

필자는 산업연구원과 한국개발연구원 재직 시 우리나라에 최소한 3곳에 국제자유도시를 건설하자는 안을 정부에 지속적으로 건의했다. 한국개발연구원(KDI) 원장 재임시에는 우리나라가 동북아시아 지역의 교류 중심지가 되려면 인천, 광양, 제주도에 국제자유도시를 건설해야 한다고 김영삼 대통령에게 건의했다. 그러나 세계화에 역점을 두고 있는 상태라 동북아시아 교류 중심국가 건설에 대한 안은 주목받지 못했다.

필자는 민생안정대책위원회 위원장 자격으로 동북아교류중심국가 건설안을 김대중 대통령에게 건의했다. 그 후 '제주국제자유도시'가 설치되었고, 이어서 인천, 광양, 부산에 경제자유구역이 설치되기에 이르렀다. 물론 필자의 건의만으로 성사된 것은 아니다. 그동안 남덕우 전 총리와 인천광역시 최기선 전 인천광역 시장과 안상수 전 인천광역 시장, 박연수 전 기획관리실장(전 재난방재청장) 그리고 선진화 포럼 회원 여러분의 지원과 노고가 큰 역할을 했다.

제주국제자유도시와 경제자유구역의 설치를 위한 법률은 모두 김대중 대통령의 동북아시아 지역에 대한 깊은 이해와 평소의 소신과 철학이 있었기 때문에 제정될 수 있었다. 2002년 1월 14일 김대중 대통령 연두기자 회견에서 우리나라를 '동북아 비즈니스 교류 중심국가'로 육성한다는 기본구상을 발표했다. 그 배경은 동북아시아 지역이 세계 3대 교역권의 하나로 부상하고 있기 때문이다. 특히 동북아시아 지역의 중국·일본·한국 간의 물동량을 선점하고 글로벌 비즈니스의 중심지가 되기 위해 그 경쟁이 가속화되고 있기 때문이다. '동북아 비즈니스 교류 중심지'가 되기 위해 홍콩, 상하이, 대만, 인천, 부산, 광양 간의 경쟁이 심화될 것이다. 세계 물동량의 약 30%가 동북아시아 지역에 몰리고 있으며 세계 생산량도 2020년경에는 30% 이상이 동북아시아 지역에서 생산될 것으로 전망된다.

김대중 정부는 2002년 4월 4일 국민경제자문회의 겸 경제정책조정회의에서 동북아 비즈니스 국가 실현을 위한 '기본계획(Master Plan)'을 확정했다. '기본계획'에서 「경제특별구역의 지정 및 운영에 관한 법률」을 제정하고, 이를 관할하는 특별행정기구를 설치한다는 원칙을 세웠다. 2002년 7월 24일 경제간담회를 개최하여 관련부처 간의 협의를 통해 동북아 비즈니스 중심국가 실현을 위한 '세부실행계획(Action Plan)'을 확정했다. 정부부처를 중심으로 한 21개 기관이 협의한 '세부실행계획'이었다.

그런데 제주국제자유도시 입법과정에서 제주시에서 공청회를 가졌고 필자가 사회를 맡았다. 외국학교를 유치하여 국제자유도시인 제주도에 설립할 수 있도록 법적 근거를 마련한 것은 당시로는 일종의 특혜였다. 그런데도 불구하고 공청회에서 제주도민이 이의를 제기했다. 외국 유치원과 초·중·고등학교의 제주도 유치를 막아야 한다는 것이다. 그렇게 되면 제주도는 국제자유도시로서 성공할 수 없지 않겠느냐고 필자는 사회자로서 되물은 적이 있었다. 제주시민은 아래와 같이 답변했다.

"사회를 보시는 선생님은 외국의 수준 높은 학교가 제주시 근교에 유치·설립되었을 경우 비싼 등록금을 내지 못해 외국학교에 입학시키지 못하는 부모의 심정을 생각해 보았습니까? 이는 제주도민들 간의 위화감을 조성하는 일입니다." 제주시민은 적극 반대했고 결국 초기 제주도 국제자유도시법에 포함시키지 못했다(지금은 외국교육기관을 유치할 수 있도록 조치되어 있다).

영리 외국병원과 약국의 유치는 관련법이 아직도 국회를 통과하지 못하고 있다. 이는 이해관계 집단인 기존 병원과 약국이 반대하고 있기 때문이다. 필자는 1980년대 우리나라 수입자유화 과정을 아주 가까이에서 지켜보고 또한 일부 참여한 경험이 있다. 필자는 수입 자유화는 예시제를 통하여 단계적으로 실시할 것을 주장했다. 결국 수입 자유화는 단계적으로 실시되었고 지금은 거의 완전 자유화되었다.

오히려 수입 자유화를 통해 국내생산기업의 경쟁력이 강화되었다. 이는 수입 자유화로 인해 국내기업들이 외국 기술을 도입하는 동시에 도입된 생산기술을 우리나라 현실에 맞게 수정 보완되었다. 또한 우리나라 전산기술을 각 생산공정에 접목하여 대외경쟁력을 더욱 강화하는 계기가 되었다. 이것이 바로 무역을 통한 세계화요, 선진화 과정이다.

현재 우리나라의 의료 서비스 수준은 세계적이다. 만일 미국에서 하버드대학 병원과 쌍벽을 이루는 존스홉킨스대학병원이 송도에 유치되어 우리나라 유수 병원과 협력체제로 병원을 설립 운영한다면 크게 성공할 것이다. 우선 환자들이 중국과 동남아시아에서 몰려올 것이다. 존스홉킨스대학의 유명한 교수와 선진 경영기법을 도입할 수 있게 된다. 또한 의료 서비스 훈련이 잘 되어 있는 우리나라 의사, 간호사, 병원의 보조원, 전산기술자 등은 모두 한국 인력으로 충당하게 된다. 의료 서비스야말로 교육사업과 함께 지식기반서비스산업의 백미이다.

의료서비스산업으로 인해 외국에서 온 환자와 가족수가 증가하면 송도의 호텔 사업이 번창하고 관광사업도 크게 발전하는 계기가 될 것이다. 성형의료 서비스의 발달로 인하여 많은 중국인들이 한국을 방문하는 이른바 의료관광 서비스의 수입이 크게 늘고 있다. 그럼에도 불구하고 인천경제자유구역이 인가된 지 7년이 지났으나 아직도 의료관련법이 국회를 통과하지 못하고 있다. 이는 우리나라가 국제무역을 통해 성장한 나라인데도 불구하고 대외개방을 통한 세계화와 선진화에 얼마나 인색한가를 단적으로 보여 주고 있다. 결국 개방에 인색한 나라는 선진화의 속도를 따라갈 수 없으며 선진화의 대열에서 낙오될 가능성이 크다.

개혁은 가랑비에 옷 젖는 줄 모르게

세계적인 물류학자에 따르면 지역물류센터의 필수여건을 다음과 같이 제시했다. ① 시장질서의 확립, ② 투명한 기업, ③ 외국인 포용의 열린 문화, ④ 쾌적한 생활환경, ⑤ 최신의 수송·통신 하드 인프라, ⑥ 첨단 및 문화 산업의 발전, ⑦ 최소 3개 외국어에 능통한 통상 및 IT 인력 확보, ⑧ 최신의 물류 및 e-비즈니스 정보의 소프트 인프라(Internet Data Base, Network, Solution) 구축 등이다.

상기 8개의 전제 여건을 가장 빠른 기간에 확보하려면 '선택과 집중', '선점과 차별'의 전략을 택해야 한다. 우리나라가 추구하는

'경제자유구역'과 '국제자유도시'를 통한 발전전략도 이와 같은 '선택과 집중' 전략을 택해야 한다. 시간이 지나면서 경제자유구역이 전국으로 확산되어 한국 전체가 선진화될 것이다.

우리나라 역사상(다른 나라도 대동소이하겠으나) '과감하고도 빠른 개혁'을 전국적으로 적용한 경우 성공한 예는 거의 없다. 고려 공민왕의 '적극적 개혁', 조선 조광조의 '과감한 개혁'은 모두 기득권층의 반발로 좌절되었다. 그러나 조선조의 세종대왕과 영조대왕의 점진적이고 '단계적 개혁'은 공감대 형성에 많은 시간이 소요되었고 나름대로 어려움은 있었으나 성공한 개혁이었다.

따라서 전국을 대상으로 개혁을 단행하는 것이 아니라 '경제자유구역'과 같이 일정 지역에 한정하여 '과감하고도 빠른 개혁'을 단행하여 상당한 시간을 두고 전국으로 확산시킨다면 이는 극히 '단계적 개혁'이요, '부분적 개혁'이므로 성공하는 개혁이 될 것이다.

예컨대 이웃 싱가포르는 그 면적으로 볼 때 제주도의 약 3분의 1이며 인구는 약 400만 명의 도시국가이다. 그럼에도 연간 외국인 직접투자가 200억 달러 수준(한국 2008년 76억 달러)이며 그중 고부가가치 제조업 분야가 약 80%이다. 싱가포르야말로 지역물류센터인 동시에 첨단제조업, 국제금융 및 비즈니스의 교류 중심지를 건설하는 데 성공한 나라이다.

한국은 앞으로 유리한 위치를 백번 활용하여 경제자유구역을 중심으로 지역물류센터, 첨단제조업, 국제금융 및 비즈니스 서비스의 동아시아 중심지로 조성해 나간다면 한반도가 동아시아의 교류 중심국가로 우뚝 설 수 있게 될 것이다.

한반도는 중국, 러시아, 일본, 미국 등 세계 4강에 둘러싸여 있는 상대적으로 그 규모가 작은 나라이다. 물론 유럽에 있다면 국토와 인구면에서 영국, 프랑스, 독일에 버금가는 나라이다. 한반도 국민들은 세계 4대 강국(중국, 러시아, 일본, 미국)과 마주하고 있으므로 세계화의 추세에서 그 속도가 뒤떨어지거나 그 방향이 올바르지 못하면 생존과 발전을 보장받을 수 없다.

한반도는 동북아시아 지역이라는 특수한 지역에 자리 잡고 있다. 21세기 세계화시대, 지식기반경제시대, 지역협력시대를 맞이하여 우리 주위의 변화가 우리나라의 생존과 발전에 더없이 큰 기회인 동시에 위험요인이다. 이러한 시대를 잘 운영해 나가려면 무엇보다 글로벌 인재가 필요하다. 글로벌 인재는 서로 다른 타 문화를 이해하고 기꺼이 받아들일 줄 아는 존경받는 인재여야 함은 두말할 나위가 없다.

'한국형' 윤리기반 복지정책

노무현 정부는 복지를 보편화하고 복지에 관한 한 나라가 책임진다는 것을 원칙으로 삼았다. 이 얼마나 듣기 좋은 말인가? 그러나 복지로부터 시작한 선순환정책은 성공하기가 어렵다. 이는 선진국의 경험을 통하여 이미 입증되었다. 김대중 정부는 '생산적 복지정책'을 추구했다. 교육을 통한 우수 인력을 대대적으로 양성한다면 복지가 해결되는 동시에 신성장 동력 산업 창출의 필수 여건을 조성하는 셈이다. 성장과 복지를 동시에 달성하는 계기가 된다는 것이다. 이 얼마나 바람직한 정책인가?

저출산·고령화를 대비하여 보육시설 및 양로시설이 적절히 건설되도록 하는 정책적 결단이 필요하다. 최소의 보육시설만 잘 갖추어져도 저출산이 상당히 해결된다. 우리나라가 고령사회(65세 인구 14%)가 되는 데 불과 20년이 채 안 걸린다고 한다. 이는 세계 최단기간이다. 여기서 다시 최고령사회(65세 인구 20%)로 가는 기간도 불과 8년밖에 걸리지 않을 것이라는 전망이다. 이 또한 세계에서 최단기간이 될 것이다. 이에 대응하려면 저출산·고령화사회 기본법이 하루속히 제정되어야 한다. 복지정책에도 어느 정도 시장원리 도입이 필요하다. 또한 정부와 민간이 역할을 분담해야 한다. 정부가 모든 것을 다 책임진다는 발상은 지속가능한 대책이 될 수 없다.

과거 복지정책은 시장의 실패를 보완하기 위해 필요한 대책이었다. 그러나 최근에는 지나친 복지정책으로 인해 오히려 정부정책의 실패가 심각하게 제기되고 있다. 선진국의 복지정책은 주로 노인세대를 위한 연금으로 이루어져 있다. 프랑스를 비롯한 포르투갈, 아일랜드, 그리스, 스페인의 재정위기의 주된 원인이 바로 과도

한 연금지출로 인한 위기이다.

또한 복지의 전달방식이 주로 현금지원이었다. 현금 지불이 행정비용을 절감할 수 있다는 이유 때문이다. 그러나 경제여건의 변화로 국가재정이 어려워지자 기존 선진국의 복지정책은 유럽병 혹은 복지병의 주된 요인이 되고 있다. 따라서 서구 복지국가의 복지정책에 대한 개혁이 불가피해졌다. 종전의 노인 중심 및 현금지원 복지정책에 대한 개혁에서 젊은 층, 노동세대, 여성들을 위한 다계층 중심 복지정책의 개발로 전환할 필요가 있게 되었다.

또한 과거의 빈곤층 중심의 복지정책도 이제는 바뀔 때가 되었다. 오늘날에는 빈곤의 원인조차 다변화되고 있고 제대로 정의하기도 힘든 시대로 변했다. 예컨대 중산층의 붕괴와 서민층의 파산으로 복지대상을 정의하기가 어려워졌다. 따라서 성실하게 일했어도 빈곤해질 수밖에 없는 사회, 미래를 장담할 수 없는 사회가 되었다. 윤리적으로 피폐한 사회가 되어 갈 수도 있다.

선진 복지국가들이 주로 현금으로 복지지원을 수행했다면, 앞으로는 사회 서비스 형태의 복지지원을 제공하는 것이 필요하다. 현금지원은 정부의 실패로 국민들의 근로동기, 근로유인을 낮추는 커다란 요인이 되었다. 즉, 복지병이 발생하는 주요인이 되었다. 따라서 우리나라의 복지정책은 현금지원보다는 윤리기반 복지 서비스를 제공하는 방향으로 전환되어야 할 것이다.

현금지원을 했을 경우 일자리 창출효과로 직결되지 않으나 복지

서비스의 경우는 일자리 효과가 빠르게 나타난다. 또한 노인지원 위주에서 젊은 층, 노동세대, 여성으로 다양해져야 한다. 빈곤층의 주원인도 단순하지 않은 여건에서 복지정책이 단순한 노인층과 빈곤층을 대상으로 한 현금 서비스에 국한된다면 복잡다단한 경제·사회 여건에 맞출 수가 있을까? 우리는 선진국의 복지정책 경험의 사례연구를 통해 본받을 점과 잘못된 점을 분석하여 우리에게 적합한 새로운 '한국형' 따뜻한 윤리기반 복지정책을 개발해 나가야 할 것이다.

유비무환의 교훈, 잊을 수가 없다

필자는 34개월간의 군복무를 마치고 제대한 후 그 이듬해인 1964년 여름 미국 유학길에 올랐다. 당시까지도 5·16혁명의 영향으로 미국기관이 공여하는 장학금이 거의 없었다. 미국 대학까지 가장 저렴하게 갈 수 있는 방법은 미국 군인과 보급품을 실어 나르는 '설탄(Saltan)'이라는 군함을 얻어타고 인천항에서 샌프란시스코까지 18일간 항해하는 길밖에 없었다. 샌프란시스코에서 뉴욕 주의 시러큐스 대학까지는 버스로 밤낮 3일 동안을 달려야 했다.

그것도 한미재단에서 주관하는 영어시험에 합격하여 선발된 후, 한미재단의 알선료 100달러와 99일 동안 미국 내 어느 곳에나 갈 수 있는 버스표를 99달러에 사야 했다. 모두 약 200달러를 한미재단에 내야 했다. 당시 비행기요금은 560달러였다. 필자는 360달러를 아끼기 위해 18일간의 태평양 횡단항해와 3일간의 미국 대륙 횡단이라는 긴 버스 여정에 올랐다. 당시 우리나라 경제수준으로 볼 때 유학생에게 360달러는 거금이었다.

필자는 시러큐스대학에서 외국 유학생에게 공여하는 '등록금 면제 장학금'을 받은 상태였다. 또한 첫 학기 생활비는 필자의 친척분들이 모아 주신 400달러가 전부였다. 필자는 미국대사관에서 유학비자를 받는 순간 뛸 듯이 기뻤다. 당시는 미국 유학길에 오르는 학생도 적었고 그러한 생각을 가지고 노력하는 학생도 그리 많지 않았던 시절이다. 모두 살기 힘든 시절이었다.

그런데 갑자기 예상하지 못했던 큰 사건이 벌어졌다. 환율이 1달러당 130원에서 260원으로 2배 상향조정되었다는 발표였다. 첫 학기 생활비로 준비한 400달러가 갑자기 200달러로 절반이 없어지고 말았다. 그러나 수년간 노력하고 준비해 온 유학을 포기할 수는 없었다. 첫 학기의 생활비 200달러를 손에 쥐고 배에 오를 수밖에 없었다.

1964년 9월 시러큐스에 도착했다. 호주에서 유학 온 학생 데이비드 커즌(David Curzon)과 같은 부엌을 사용했다. 입학 관련 큰 행사에 참석하기 위하여 데이비드와 약 15분 걸리는 큰 광장까지 함께 걸어갔다. 그때 데이비드가 내게 너는 누가 학비를 대주느냐고 물었다. 시러큐스대학에서는 등록금 면제 장학금만 받게 되었으나 생활비는 보조받을 곳이 없다라고 대답했다. 그랬더니 데이비드가 심각한 얼굴로 나를 쳐다보면서 내일이라도 당장 주임교수를 만나서 오늘 내게 한 이야기를 그대로 하라고 신신당부했다.

그 다음날 학과에 가서 주임교수 면담신청을 했고 주임교수와의 면담이 허락되었다. 주임교수는 50대 중반의 키가 아주 큰 전형적인 미국 신사로 하버드대학교에서 경제학을 공부하신 분이었다. 첫 질문이 우리 학교에서 등록금 면제 장학금만 주었는데 네 생활비는 누가 지원하느냐고 물었다. 데이비드와 똑같은 질문을 했다. 너의 나라 정부냐? 아니면 가족이냐? 필자는 모두 아니라고 답변했다. 그랬더니 그럼 지금 현금을 얼마나 가지고 있느냐고 물었다. 100달러 정도 남았다고 답했다. 그 돈으로 며칠이나 살 수 있냐고 다시 물었다. 30일 정도 살 수 있을 것이라고 답했다. 그랬더니 느닷없이 아주 큰 소리로 "오 마이 갓!"이라고 하면서 자기 이마를 손바닥으로 딱 쳤다. 그러고는 필자가 자란 과정, 아버지 직업 등을 물었다. 부모님은 필자가 7세 때 열병(발진티푸스)으로 모두 돌아가시고 조부모가 우리 4형제를 모두 대학 교육까지 시켜 주셨다고 답변했다.

결국 교수님댁에 들어가서 1년 동안 한 가족이 되어 함께 생활하면서 학업을 시작하게 되었다. 참으로 고마운 스승이고 은인이다. 1년 후 학교에서 조교(Teaching Assistant, TA)발령을 받았고 주임교수댁에서 나와 살게 되었다. 그런데 주임교수댁에 들어간 지며칠 지난 후 지하실에서 함께 간단한 가사일을 하고 있었다. 주임교수가 갑자기 "헤이 희연!" 하고 큰 소리로 불렀다. 그래서 "예스." 하고 씩씩하게 대답했다. 그랬더니 내게 이렇게 물었다.

"After the completion of your study in USA, when you go back to your own country are you going to make people happy or unhappy?(미국에서 공부를 마치고 한국에 돌아가면 너는 사람들에게 기쁨을 줄 것인가 아니면 고민을 안겨 줄 것인가?)"

필자는 왜 갑자기 이런 질문을 하는지 영문을 모르고 어리둥절했다. 곧바로 정신을 차리고 잠시 곰곰이 생각했다. 옳은 답이 'happy'는 아닌 것 같아서 "Well I suppose to make people unhappy Sir.(저는 사람들에게 고민거리를 안겨줘야 될 것 같습니다.)"라고 크게 답했다. 그때 교수는 "Right you are. You are very very good boy!(그래 너는 참으로 훌륭한 학생이로구나!)"라고 말했다. 더 이상 말이 없었다. 지금도 스승의 질문과 필자의 대답을 생생하게 기억하고 있다. 유비무환의 교훈, 잊을 수가 없다.

Part 3

인천글로벌대학교 캠퍼스 '글로벌 인재' 양성과 연구개발(R&D)의 요람

'글로벌 인재' 양성과 '원천기술' 개발의 요람이 될 인천글로벌대학교 캠퍼스의 설립 배경, 외국 명문대학과 연구소의 유치 과정과 필자가 겪은 관련 이야기들을 기술했다. 또한 인천에 유치할 글로벌 외국 명문대학들이 앞으로 양성하게 될 '글로벌 인재'와 한국이 선택해야 할 '신성장 동력산업'과 어떠한 연관이 있는가를 설명하였다. 이어서 인천글로벌대학교 졸업 후 진로에 대하여도 언급하였다.

인천글로벌대학교 캠퍼스는 동양과 서양의 지식과 문화를 아우르는 '새로운 세계문명'을 개창(開創)하는데 필요한 글로벌 인재양성과 연구개발(R&D)의 요람이요 '동서(東西) 지식·문화교류의 장'이다.

8장

인천에 글로벌대학교 캠퍼스를 설립하라

왜 '인천글로벌대학교 캠퍼스' 인가?

인천글로벌대학교 캠퍼스란 인천 송도에 약 10만 평 부지에 학생 약 1만 명 규모의 캠퍼스를 조성하여 선진국 명문대학 약 10개를 유치할 계획으로 설립한 글로벌 대학 캠퍼스다. 글로벌 캠퍼스 내에 유치될 외국 대학교는 독립적으로 확장 캠퍼스(Extended Campus)를 송도에 설립하여 운영하게 된다. 확장 캠퍼스는 분교와는 다른 개념이며, 본교 캠퍼스를 확장하여 송도에 캠퍼스를 설립하고 사실상 본교와 동일하게 운영하는 캠퍼스를 말한다. 각각의 입주 대학교는 본국 모교의 학칙과 학교운영 방침에 따라 학사운영을 엄격하게 관리하게 된다. 또한 입학과 졸업, 학사 및 석·박사 학위 수여에 관한 모든 사항은 본교에서 결정하게 된다. 각각의 입주 외국 대학교의 교수는 학생수에 비례하여(약 20명당 1인) 본교 교수 또는 본교 교수 채용기준에 따라 신규로 채용된 교수를 인천 송도 확장 캠퍼스에 파견하게 된다. 대부분의 외국 교수는 인천글로벌대학교에서 제공하는 아파트에서 생활하는 것으로 계획되었다.

모든 학생은 필수적으로 외국 학생들과 함께 기숙사 생활을 하게 된다. 한국 학생 정원을 40% 내외로 제한하며 외국 대학 본교 학생과 아시아 및 기타 지역 외국 학생이 약 60%로 구성될 것이다. 특히 모든 한국 학생은 중국어, 일어, 러시아어 중에서 1개의 제2외국어를 택하여 자유롭게 말하고 쓸 수 있도록 교육할 계획이다. 학교 강의실과 연구실은 최신시설로 준비 중이며 기숙사 역시 선진국의 최상 수준으로 건설 중이다. 현재 학생 약 2,000명 규모의 시설은 모두 완공된 상태이며, 2014년까지는 학생 약 5,000명 규모의 제1단계 캠퍼스가 완성될 예정이다. 학생수의 증가에 따라 학생 규모 5,000명의 2단계 캠퍼스의 건설이 2~3년 후에 다시 시작될 것으로 예상된다. 제2단계 건설비의 절반은 민자 충당분으로 확보되어 가고 있는 중이며 나머지 절반은 국비와 시비 예산으로 충당할 예정이다.

한국의 경우도 싱가포르와 같이 당초에는 외국의 대학원과 비영리 연구소 유치만을 원했다. 외국 대학 측 역시 복잡한 교양과목과 이에 따른 대규모 교수진을 확보하여 해외로 보내는 것을 번거롭고 힘들어한다. 미국 대학이 대부분 인천 송도에 확장대학을 설

강의연구동

기숙사 A동

기숙사 B동

기숙사 C동

❚ 공사 중인 캠퍼스 전경(2011.6.13)

립할 경우 적어도 연간 2만 달러(약 2,300만 원)에 가까운 등록금을 받아야 한다. 그 비싼 등록금을 내고 얼마나 많은 한국 및 아시아 학생들이 지원하겠는가? 하는 데 대한 의구심도 있다.

미국의 주립대학은 우리나라의 국립대학에 해당된다. 과연 주 정부의 재원으로 운영되는 대학이 외국에 확장대학 캠퍼스를 설립한 사례가 있는가? 또한 한국 학생이 미국 대학의 학위를 받으려면 미국으로 유학을 가면 되는데 굳이 인천 송도에 있는 미국 대학에서 학위를 받으려 하겠는가? 등의 수많은 의문을 갖게 된다. 학부 과정은 대학원 과정에 비해 학생수가 수십 배나 많고 학교 캠퍼스 부지와 시설 또한 수십 배 커야 하므로 엄청난 예산이 필요하다. 이러한 예산을 어떻게 확보할 것인가?

한편 한국인 미국 유학생의 경우, 어린 나이에 집을 떠나 언어능력의 한계와 생활방식의 차이에서 오는 문화적 충격이 크다고 한다. 이를 극복하지 못해 우울증에 시달리는 유학생이 적지 않다. 또한 한국 유학생의 상당수가 공부에 성공하지 못하고 방황하고 있다는 사실도 신문보도를 통해 알려져 있다. 더욱이 사전조사와 준비부족으로 유학을 성공적으로 이끌지 못하는 경우도 허다하다고 한다.

해외유학의 목적과 전공할 분야, 유학 후 진로 등에 대해 뚜렷한 소신을 가지고 해외유학에 임하고 있는지에 대한 반성이 필요하다. 유학을 통하여 얻고자 하는 것이 과연 무엇인지를 사전에 구체적으로 설정한 후 전공분야와 이에 맞는 대학을 선택하는 것이 무엇보다 중요하다. 선진국 대학 교육에 대한 전문가의 상담이 절실하다고 할 수 있다.

인천 송도에 글로벌대학이 설립되는 과정에서 설립목적과 비전과 실천방안이 구체적으로 제시될 것이다. 선진국 전문인력을 충분히 확보하여 전문적으로 상담에 임할 계획이다. 4년간의 학부 교육과 대학생활 그리고 졸업 후 외국 명문 대학원 석·박사과정 진학 및 취업을 체계적으로 지도하게 될 것이다.

미국 4년제 대학에 유학할 경우, 인생에서 가장 중요하고 감수성이 예민한 20대의 대학시절을 미국 대학에서 소수의 한국 유학생으로 미국 학생 틈에서 보내게 된다. 생활문화와 교육방식이 전혀 다른 미국에서 외국 학생으로 대학생활을 보내는 것이다. 그러나 송도의 글로벌 대학은 우리나라에 있는 외국 확장대학이다. 한국인으로서의 정체성을 가지고 우리나라 정부에서 설립한 송도의 글로벌 대학 캠퍼스에서 생활하게 된다. 각 나라에서 한국으로 유학 온 외국 학생과 어울려 그들의 문화를 배우고, 한국의 문화를 알려 주면서 나름대로 자긍심을 가지고 대학생활을 하게 될 것이다. 이러한 대학생활 환경은 장차 글로벌 인재로 성장·발전하는 데 큰 도움이 될 것이다.

예컨대, 미국에서 한국 유학생으로서의 대학생활이 얼마나 외롭고 힘들고 두려울 것인가는 학생에 따라 다르겠지만 유학생활의 성공 여부에 대한 두려움도 대단히 클 것이다. 선진국 문화 속에서 외롭고 위축감에 시달리며 공부하는 경우가 대부분일 것이다. 이러한 미국 유학생활이 21세기 이(異)문화를 극복하는 글로벌 인재로 성장하는 데 과연 얼마나 도움이 될까?

정원이 40% 내외로 제한된 한국 학생이 인천글로벌대학교 캠퍼스에서는 약 3년간 외국 학생과 기숙사에서 함께 생활하며 함께 공부하게 된다. 또한 그룹 토의 형식으로 외국 학생과 어울려 공부하게 된다. 외국의 생활방식을 익히는 데 도움이 될 것이다. 아시아에 관심이 있는 외국 학생을 사귀는 데도 외국 학교 캠퍼스보다 오히려 더 좋은 환경이라 할 수 있다. 인천글로벌대학교 캠퍼스에 유학 온 미국 및 기타 외국 학생은 아시아나 한국에 관심이 있는 학생들이기 때문이다. 기숙사 생활과 주말 한국 가정에서의 이른바 홈스테이를 통하여 외국 친구를 더 가까이, 더 깊이 사귈 수 있는 기회를 갖게 될 것이다. 이는 앞으로 글로벌 인재로 성장하는 데 필수 요건이 될 것이다. 미국으로 유학 갈 경우 외국 학생을 가까이 사귀기보다는 인사나 하는 정도가 대부분이다. 인사나 하는 정도의 인간관계로는 가까이 사귄 친구라고 말할 수 없다.

또한 인천글로벌대학교 캠퍼스에서는 영어 외에 중국어, 러시아어, 일어 중 한 개의 제2외국어를 추가로 능숙하게 숙지할 수 있는 교육과정을 마련할 것이다. 그렇게 되면 영어에만 능숙한 미국 현지 유학생활에 비하여 인천글로벌대학교 캠퍼스 생활이 오히려 경쟁력 있는 글로벌 인재로 성장하는 데 유리할 것이다. 그 이유는 빠른 속도로 부상하는 동아시아 시장을 감안할 때 아시아 언어를 제2외국어로 능숙하게 할 수 있다면 아시아 시장을 개척하는 데 큰 도움이 될 것이기 때문이다. 그래서 인천글로벌대학교 캠퍼스의 학부생활이 미국 본교 유학생활보다 오히려 유리할 수도 있다.

인천글로벌대학교 캠퍼스에서는 한국 학생의 경우, 국어 교육과 국사 교육을 교양과목으로 설정하여 교육할 것이다. 또한 모두 기숙사에서 생활하므로 자택에서 통학하는 학생들에 비해 매일 약 3시간 이상 절약할 수 있다(이는 '동북아국제통상대학'에서 실시한 바 좋은 결과를 가져왔다). 절약한 하루 3시간은 제2외국어를 능숙하게 숙지하는 데 도움이 될 것이다.

이렇듯 동양과 서양을 아우르는 글로벌 교육시설과 프로그램은 우리나라에서 아직은 인천글로벌대학교 캠퍼스에서만 가능하다. 이것은 인천글로벌대학교에 다니는 한국 학생의 자부심과 주인의식을 고취시키는 데 큰 도움이 될 것이다. 인천글로벌대학교 캠퍼스는 앞으로 한국뿐만 아니라 이 지구상에서 글로벌 인재를 양성하는 데 크게 기여할 것이다. 또한 동양과 서양을 아우르는 '새로운 세계문명'을 개창(開創)하는 데 필요한 글로벌 인재 양성과 연구개발(R&D)의 요람으로 발전하는 동시에 '동서(東西) 지식·문화 교류의 장'으로 발전하게 될 것이다.

선진국 명문대학이 송도에 확장캠퍼스 설립 이유는?

미국에서 100위 안에 들어가는 대학은 가만히 있어도 한국 등 외국의 학생이 알아서 입학을 지원할 텐데 구태여 인천 송도에 미국 대학의 확장캠퍼스를 설립하려고 하는 이유는 무엇인가?

미국의 가장 큰 종합 연구원인 바텔연구소에 따르면 현재 세계 총연구비의 50%가 미국에서 발생한다고 한다. 그러나 앞으로 약 30년 후에는 세계 총연구비의 50%가 동아시아 지역에서 발생할 것이다. 미국의 연구비 규모는 계속 늘어나겠지만 그 구성은 50%대에서 25%대로 하락할 것이라는 전망이다.

또한 미국의 명문대학에서도 우수한 대학원 학생의 확보가 점점 어려워질 전망이다. 따라서 우수한 학생이 풍부하고 소득수준이 날로 높아지는 동아시아 지역에 미국 명문대학이 확장대학의 학부과정을 설립하면 앞으로 우수한 대학원 학생을 확보하는 데 도움이 되기 때문이다.

미국 주립대학의 학부 학생은 대부분 그 지역 시골학생이며, 이들은 해외생활에 대한 경험이 별로 없다. 미국은 그 자체가 큰 나라여서 해외 의존도가 높지 않고 국내 쏠림이 강한 나라(Inward-looking country)이다. 그런데 21세기는 세계화시대이다. 미국의 시골학생도 이제는 해외생활 경험이 필요한 시대이다. 적어도 한 학기와 여름방학 기간 약 8개월(1학기+여름방학) 동안이라도 해외 확장대학에서 공부하고 해외생활 경험을 갖는 것이 매우 중요한 시대가 되었다. 미국 학생의 국제적 안목을 넓히는 데에도 큰 도움이 되기 때문이다. 이 이야기는 미국 대학 유치 시 미국 대학 총장, 부총장, 학장, 학과장에게 필자가 늘 주장하는 이야기이다.

인천글로벌대학교 캠퍼스에서는 모든 학생이 기숙사에서 생활해야 한다. 따라서 미국 학생은 아시아 지역과 구라파 등지에서 유학 온 학생은 물론 한국 학생과 깊이 사귈 수 있다. 특히 주말에는 한국 학생이 각 지역의 외국 학생을 집으로 초대하는 홈스테이 프로그램을 진행할 것이다. 또한 여름방학 동안에는 동아시아 지역 그룹 투어 프로그램을 만들어 여러 나라 학생이 한데 어울려 동아시아 지역의 자연경관, 역사유적, 산업시설 등을 방문할 계획이다.

나머지 여름방학 기간에는 한국, 중국, 일본의 글로벌 기업, 한국의 경우, 삼성, 현대, LG, SK, 포스코 등에 한국 학생과 함께 인턴으로 일하도록 주선할 계획이다. 약 8개월 동안 미국 학생들은 인천글로벌대학교에서 수강경험과 현지 생활체험을 동시에 경험할 수 있게 된다. 앞으로 세계 경제의 거의 절반을 차지할 동아시아 지역에서의 생활체험은 미국 학생들이 장차 글로벌 인재로 성장하는 데 큰 도움이 될 것이며 동양과 서양을 아우르는 '새로운 세계문명'을 개창해 나가는데 크게 도움이 될 것이다.

앞으로 우수한 외국 교수 확보방안, 미국 대학생 확보방안, 한국 및 아시아 학생 확보방안 등에 대하여 구체적인 운영계획과 실천방안을 준비하여 이를 수시로 공개할 것이다. 또한 외국 참여학교의 교육 프로그램이 확정되는 대로 빠른 시일 내에 웹사이트에 공개할 예정이다. 웹사이트는 인천글로벌대학교를 이해하는 데 많은 도움이 될 것이다.

동아시아 우수 학생들이 '인천글로벌대학교 캠퍼스' 개교를 기다린다

최근 전 세계의 유학생 수가 크게 증가하는 추세이다. 교육의 세계화가 빠르게 진행되고 있다. 2010년 현재 세계 유학생수는 300만 명을 웃돌고 있으며 2015년경에는 2배 이상 늘어난 700만 명이 넘을 것이라는 전망도 나오고 있다. 최근 약 300만 명의 유학생 중 영어권 국가(미국, 영국, 호주, 캐나다) 비중이 50%에 육박한다고 한다. 그중 미국의 비중은 영어권 국가의 거의 절반을 차지하고 있다. 그러나 최근 영국, 호주, 캐나다의 비중이 증가하고 있다. 그 이유는 영국, 호주, 캐나다 대학이 외국 학생을 유치하기 위해 적극적인 홍보활동을 벌이고, 학비 및 생활비가 미국보다 저렴하기 때문이다.

최근 중국 유학생이 약 40만 명, 인도 유학생이 약 15만 명, 한국 유학생이 약 11만 명으로 보도되고 있다. 인구 비례로 환산하면 한국 유학생수가 가장 많다. 중국의 경우 인구 5,000만 명당 유학생 수가 1만 6,000명 수준이고, 인도는 8,000명 수준이다. 이는 한국의 학부모와 학생이 얼마나 유학을 선호하는지를 잘 말해 준다. 중국의 1인당 국내총생산이 2009년 3,600달러 수준에서 앞으로 20년간 평균 8% 성장한다면 2030년에는 현재 한국의 1인당 국민소득 수준인 2만 달러에 육박할 것이다. 또한 중국의 교육열과 문화가 한국과 유사하다는 점을 고려한다면 중국의 유학생 수가 약 20년 후에는 300만 명을 넘을지도 모를 일이다. 참으로 엄청난 규모이다. 이것이 중국 충격의 한 예이다.

우리나라 교육과학기술부에 따르면 한국 총유학생 수(초·중등 포함)는 2005년의 19만 명에서 2009년에는 24만 명으로 약 26% 증가했다. 학위 과정 학생이 약 60%이고 어학연수가 약 40%이다. 북미 유학생의 경우 학위 과정이 85%로 7만 2,648명이고 어학연수가 15%로 1만 2,447명이다. 대부분 학위 과정이다. 학위 과정 중 대학원 과정이 35%인 2만 5,734명이고 대학(학부) 과정이 65%인 4만 6,914명이다.

'인천글로벌대학교' 졸업생, '글로벌 인재'가 된다

인천글로벌대학교를 졸업한 후에는 분야에 따라 몇 년간 전문직종에 종사하며 실무경험을 익힌 후 대학원에 진학하는 경우와 실무경험 없이 곧바로 대학원에 진학하는 두 가지 경우가 있을 수 있다.

우리나라 '민사고'가 외국 명문대학 진학 준비를 위한 고등학교라면 인천글로벌대학교는 '민사대'의 형태로 외국 명문대학원 진학 준비를 위한 대학이라고 할 수 있다. 앞으로 질 높고 다양하면서도 창의적인 교육을 통한 글로벌 인재형 인천글로벌대학교의 4년제 학부교육이야말로 최우수 외국 대학원 석·박사과정 진학의 지름길이 될 것이다.

그 이유는 외국 우수 대학원에서는 잘 외우는 학생보다는 창의력과 다양한 경험을 갖춘 글로벌 인재가 될 학생을 찾고 있기 때문이다. 인천글로벌대학교를 졸업한 후 전문직종에 종사할 경우에도 창의력과 다양한 경험을 강조하는 미국 기업에 취업하는 데도 유리함은 재론의 여지가 없다. 또한 앞으로 한국 기업도 모두 글로벌 기업으로 성장할 것이므로 창의력과 다양한 경험의 교육을 받은 인천글로벌대학교 출신을 선호하게 될 것으로 기대한다.

인천글로벌대학교 학생들은 3년간 인천글로벌대학교 캠퍼스에서 공부하고 1년은 본교에 가서 공부하는 3+1이 기본이 될 것이다. 대학원 진학 전에 미국 본교에서 4학년을 마칠 경우 약 1년 동안 외국에서 생활하므로 외국 명문대학원 생활을 보다 알차게 시작할 수 있다.

물론 4년간의 학부 교육을 끝마친 후 대학원 석·박사과정에 진학하지 않고 곧바로 미국 기업이나 한국 기업에 진출하여 기업인으로 기업경영에 참여하거나 독자적인 진로를 개척해 나갈 수도 있다. 이들은 다년간의 실무경험을 익힌 후 직장에 다니면서 대학원에 입학하여 석사 과정을 마칠 수도 있다. 인천글로벌대학교의 4년제 학부를 졸업한 후에는 21세기 신성장 동력 산업과 관련된 다음 3가지의 각기 다른 중점 분야의 대학원과 관련업계에 진출하게 될 것이다.

'브리지 첨단산업'을 창출하라

졸업 후 미국 생명공학, 정보기술, 환경 및 에너지, 우주과학 등 첨단산업 분야의 대학원에 진학할 경우 생활비까지 보장되는 연구조교 장학금을 받게 된다. 미국의 초일류 대학원의 박사 과정에 입학하게 될 것이다. 박사학위를 받은 후 미국 초일류 대학원에서 박사 후 과정(post doctor)을 약 2~3년 마치고 미국 초일류 첨단산업 기업 연구소나 대학 연구소에서 전문연구원으로 일하게 될 것이다.

미국 초일류 첨단산업 기업 연구소에 진출할 경우 10~15년 정도 열심히 연구한다면 동 분야에서 최우수 인력으로 인정받게 될 것이다. 이들은 학부 과정에서 중국어, 러시아어, 일어 중 하나를 미리 능숙하게 숙지해 놓았으므로 중국·일본·한국·러시아 등 동아시아 지역으로 자연스럽게 파견될 것이다. 그렇게 되면 BT, IT, 에너지, 환경, 우주산업 분야의 아시아 진출을 위한 고급인력으로 미국의 모(母)기업의 아시아 지역 마케팅 리더로 일하게 될 것이다.

또한 이들은 우리나라 중견 및 대기업과 미국의 모기업과의 합작기업 설립을 유도할 수도 있다. 이것이 바로 우리나라 대학들이 '원천기술' 개발능력이 생길 때까지 우리나라 산업을 선진일류산업으로 이어주는 이른바 우리나라 '브리지 산업(Bridge Industry)'의 창출이 될 것이다. 이것이 우리나라 경제의 지속성장과 동아시아의 핵심국가로 성장하는 데 필요한 조건이 될 것이다.

우리나라 대학의 R&D 능력은 아직 부족하며 첨단산업 분야의 '원천기술' 개발 능력은 상당 기간 선진국 수준을 따라가지 못할 것이다. 따라서 선진국에서 개발한 원천기술을 활용하여 새로운 기업을 창출하고 원천기술을 제공한 대가로 응분의 소유지분을 선진국 회사에 인정하여 합작회사를 설립하는 방법이 이른바 '브리지 산업' 창출전략이다. 따라서 인천글로벌대학교에서 중국어와 일어를 능숙하게 숙지한 연후에 미국의 초일류 대학원에 진출한다면 어린 나이에 미국 유학길에 올라 문화적 충격을 받아가며 공부하는 것보다 글로벌 인재로 성장하는 데 훨씬 더 유리할 것이다.

'브리지 지식기반 서비스산업'을 창출하라

인천글로벌대학교 졸업 후 MBA나 로스쿨에 입학하기를 원하는 학생들은 미국이나 한국의 금융회사, 회계 및 기업 컨설팅 사무실, 법률 사무소 등에 취업하여 수년 간의 실무경험을 쌓는 것도 좋다. MBA와 로스쿨을 끝마치고 미국의 최우수 금융, 기업 컨설팅 사무실, 법률 사무소에 입사하여 10~15여 년간 실무경험을 쌓는 것이 중요하다. 반면 동아시아 지역의 중국·일본·한국 등에서는 미국의 최우수 금융컨설팅 및 법률 사무소의 수요가 크게 증가할 것이다. 따라서 경험이 풍부한 한국 MBA 및 로이어(Lawyer)가 자연스럽게 중국·일본·한국·러시아 등지에 진출한 미국 지식기반 서비스 회사의 고급 두뇌인력으로 일하게 될 것이다. 이는 한국의 전문 인력이 중국어·일본어·러시아어에 능통하기 때문이다.

또한 인천글로벌대학교 출신들은 아시아 지역에서 지식기반서비스산업의 새로운 사업기회를 발굴할 것이다. 이들은 미국의 모기업과 연계하여 협력함으로써 미국 서비스 회사의 단순한 고용인이 아니라 파트너로 일할 수 있는 기회를 창출하게 될 것이다. 따라서 이들은 한국의 지식기반 서비스산업을 수출산업으로 육성하는 초기 단계에서 필수요원으로 기여하게 될 것이다. 이러한 접근방법으로 미국이 독점하고 있는 세계 지식기반서비스산업 시장을 한국 전문 인재가 아시아 시장에서 미국 지식기반 서비스 기업의 동업자가 되어 합작회사를 설립하게 될 것이다. 이것이 영국이나 네덜란드 이외에는 일본도 싱가포르도 아직 생각하지 못하고 있는 이른바 '브리지 지식기반 서비스산업'의 창출이다.

'브리지 문화·예술기반산업'을 창출하라

인천글로벌대학교를 졸업한 후에는 미국의 음악, 미술, 디자인, 출판 등 창작산업 분야에도 진출할 수 있다. 전문 분야에 종사하며 경험을 쌓은 후에 미국의 문화·예술 전문 대학원에 입학하여 2~3년 전문교육을 받을 수 있다. 대학원 졸업 후 전문 일류 연관 기업에서 10~15년 동안 일하면 전문 예술 및 연예인으로서의 충분한 경험을 쌓게 될 것이다. 그 후 미리 익힌 중국어·러시아어·일어를 활용하여 미국 회사원으로 중국·일본·러시아·한국 등에 진출한다면 한국의 예술 및 연예인의 무대가 세계적으로 확대될 것이다.

이들은 아시아에서의 새로운 엔터테인먼트 사업 기회를 창출하여 미국의 모기업과 함께 새로운 기업을 설립·운영할 수 있을 것으로 기대된다. 이들 역시 단순한 고용인이 아니라 미국 모회사의 파트너로 성장할 것이다. 이들은 한국의 문화·예술 창작산업을 수출산업으로 육성해 나가는 데 크게 기여할 것이 분명하다. 연예기획사의 기업인도 다양하게 배출될 것으로 기대된다. 이들도 문화·예술 분야의 이른바 '브리지문화·예술기반산업'을 창출하게 될 것이다.

인천글로벌대학교 캠퍼스, '원천기술' 경제로 가는 길목이다

21세기 첨단산업은 생명공학산업이 주도할 전망이다. 그런데 생명공학산업의 세계 수출시장은 미국이 주도할 것으로 전망된다. 그 이유는 최근 세계 생명공학 분야 연구비의 75% 이상이 미국에서 발생하며, 생명공학의 핵심분야 연구의 90% 이상이 미국에서 이루

인천글로벌대학교 캠퍼스 전경(조감도)

어지고 있기 때문이다. 한국의 경우 공공분야의 핵심 생명공학 연간 연구비 규모가 미국국립보건연구소(National Institute of Health)의 생명공학 분야 연간 연구비의 약 80분의 1이다. 민간 분야 연구 규모는 약 150분의 1로 추정된다고 한다. 이는 총연구비면에서는 우리나라가 미국의 1%에도 미치지 못하는 아주 적은 수준이다.

이는 우리나라 경제규모가 미국의 약 7%인 것에 비해도 상대적으로 아주 적은 규모이다. 그러면 이렇듯 불리한 여건 속에서 우리나라가 21세기 첨단산업의 백미인 생명공학 분야를 수출산업으로 육성해 나갈 수 있을 것인가? 참으로 심각한 문제가 아닐 수 없다. 참으로 두려운 일이다. 우리에게 연구능력을 향상시키는 데 필요한 시간이 충분하지 못하다는 것이 문제이다. 우리나라 대학의 연구수준이 선진국에 비해 크게 뒤쳐져 있다는 것이다. 우리에게 이보다 더 큰 두려움이 있을까?

인천글로벌대학교 캠퍼스의 또 하나의 중요한 사업계획은 장차 선진국과 우리나라 기업의 초일류 기업 연구소를 약 100개 유치하는 사업이다. 그렇게 되면 상당수의 우리나라 이공계 학부 및 대학원 출신의 일자리가 확보될 것이다. 인천글로벌대학교는 송도에 진출한 선진국 초일류 기업 연구소와 협력하여 인천글로벌대학교 캠퍼스에 이공계 대학원 과정을 개설할 수 있을 것이다. 인천글로벌대학교 캠퍼스에서 수많은 최우수 연구인력을 양성함으로써 새로운 창업회사의 설립이 성행할 것이다. 이른바 첨단분야의 21세기 교육·연구·창업의 세계적인 메카가 이룩될 수 있도록 혼신의 힘을 기울여야 한다.

따라서 세계 유수대학 학부 과정과 대학원 과정 그리고 선진국 일류 첨단산업 관련 기업 연구소를 대거 '인천글로벌대학교 캠퍼스'에 유치할 것이다. 이는 한국의 첨단 '원천기술' 산업을 수출산업으로 육성해 나가는 데 필수적인 선행요건(인프라)이다. 인천글로벌대학교가 세계 초일류 대학으로 또한 세계 초일류 연구 클러스터로 발전한다면 우리나라 초일류 국내 대학에게 경쟁자로서 큰 자극제가 될 것이다. 이는 우리나라 국내 대학의 연구능력을 선진화하고 교육의 질을 향상하는 계기가 될 것이다. 따라서 인천글로벌대학교는 우리나라 '원천기술' 중심의 신성장 동력의 창출·육성을 위한 필수 소프트 인프라가 되는 것이다.

인천글로벌대학교 캠퍼스 첫 예산 어떻게 확보되었나

인천글로벌대학교를 설립하려면 첫째, 외국의 명문대학을 송도에 유치하여 정착시키는 데 성공해야 하며, 둘째, 학교 캠퍼스 건물과 기숙사 및 외국 교수 아파트를 건설해야 한다. 우리나라의 경우 필자는 2004년부터 외국 명문대학 유치활동을 시작했다. 이때가 싱가포르가 외국 명문대학의 대학원 과정 10개 유치가 끝날 무렵이었다. 싱가포르는 각 대학에 대한 지원금이 약 2억 달러에 달했다. 필자는 이런 사실을 인천광역시와 경제자유구역 기획단에 알리는 동시에 필요한 조직과 예산확보를 요청한 바 있다.

그런데 인천경제자유구역청에서는 학부 과정은 규모가 크고 예산도 많이 소요되므로 규모가 작은 대학원 유치를 희망했다. 그러나 필자는 학부 과정 없이는 그 효과가 미미할 수밖에 없다는 확신을 가지고 있었다. 따라서 이공계 및 인문·사회 분야의 학부 과정과 인문·사회 분야의 대학원 과정을 설립하고, 초기 약 5년간의 설립 및 운영비와 캠퍼스 건설경비를 확보한다면 약 5년 후에는 등록금만으로도 자립이 가능할 것으로 추산되었다. 또한 외국 명문대학으로 구성된 인천글로벌대학교가 세상에 알려지면 '장학 및 연구기금'을 국내외 업계로부터 모금하는 한편, 대기업의 첨단산업 부문 회사들이 연구비 지원의 필요성을 점차 이해하게 될 것이므로 이공계 대학원도 단계적으로 설립해 나갈 수 있을 것이라고 주장했다. 미국의 경우 이공계 대학원의 경우 거의 모든 대학원 학생이 기업에서 지원받는 장학금으로 학비와 생활비를 충당하고 있다.

필자는 우리나라에서는 초기 설립 및 운영자금과 캠퍼스 건설경비는 정부에서 확보할 수 있다는 전제하에 미국에 소재한 명문대학 유치를 위해 미국을 수시로 방문하였다. 필자는 우선 초기 설립 및 운영비 지원금 예산을 확보한 후에 몇 개의 외국 명문대학 유치를 성사시켜 가면서 캠퍼스 건설예산을 확보할 생각이었다. 필자

는 당시 경제자유구역추진위원
회 위원이었고 경제자유구역 주
무 장관인 권오규 재경부장관은
당시 실무추진위원회 위원장(재
경부차관보)이었다. 필자는 이번
기회에 초기 설립 및 운영예산
을 반드시 확보해야겠다는 생각
을 하게 되었다.

그런데 하루는 권태균 경제
자유구역 기획단장이 명문대학
유치에 가장 앞서가는 싱가포르

인천경영포럼에서 인천글로벌대학 캠퍼스에 대해 강의

에서 대학원만을 유치하고 있는데 우리는 학부와 대학원을 동시에
유치해야 하는 이유와 외국의 명문대학은 가만히 있어도 많은 외국
유학생이 몰려가는데 굳이 한국에 그들의 확장대학을 설립하려고
하는 이유가 무엇인지에 대하여 경제자유구역 기획단 구성원 전원
에게 특별강의를 통해 설명해 줄 것을 요청했다.

필자는 기쁜 마음으로 자료를 정리하여 기획단 구성원 전원을
상대로 특강을 했다. 특강을 마무리하면서 필자는 이렇게 말했다.
"우리나라는 OECD 회원국으로 선진국 문턱에 와 있는 세계 13대
경제대국입니다. 우리나라가 경제개발 과정에서 일본, 미국, 싱가
포르의 사례에서 많은 것을 배우고 모방했습니다. 그러나 이제 우

리나라는 "한국형" 선진국가로 발전하여 OECD의 핵심국가로 성
장하는 꿈을 꾸어야 할 때입니다. 우리는 미국, EU, 일본, 싱가포
르가 생각하지 못하는 우리나라만의 새로운 정책을 구사해야 합니
다. 그래서 '한국형' 모범 선진국으로 발돋움해야 합니다!"

결국 글로벌대학교라는 항목으로 첫 국비예산 50억 원을 확보
하는 데 성공했다. 이는 경제자유구역의 외국 대학과 연구소 유치
사업이 우리나라 정부사업으로 처음 인정받은 중요한 순간이었다.
국비예산 50억 원의 지원금은 인천광역시의 시비예산 50억 원 확
보를 전제로 한 것이었으므로 총가용예산 100억 원이 확보되는 것
이다. 이는 한 해 동안 업무추진에 지장이 없는 적절한 예산규모였다.

건설예산 첫 310억 원과 추가 90억 원 배정

2008년 7월 어느날 경제자유구역 기획단의 지식서비스산업팀장인
김도균 팀장으로부터 도움이 필요하다는 연락이 왔다. 예산실장이
글로벌대학교사업에 대해 잘 이해하지 못한다는 것이었다. 이 사업
에 대하여 가장 잘 알고 있는 사람 중 도움을 줄 만한 사람이 당시
청와대 경제수석으로 재임하고 있던 박병원 경제수석이었다. 그는
기획재정부의 기획국장으로 재직하면서 경제자유구역 설립 추진
실무추진위원회 간사업무를 맡았던 실무담당 국장이었다. 그가 바

로 경제자유구역 특별법을 입안하는 데 직접 기여한 장본인이다.

당시 필자는 경제자유구역 추진위원회(11개 관련부처 차관과 유일한 민간인인 필자가 위원으로 참여) 위원으로서 또한 경제자유구역 설치를 1990년대 초부터 정부에 건의해 온 전문가로서 박병원 국장과는 업무상 교류가 자주 있었다. 필자 생각에 이렇게 매우 중요한 시기에 이 업무에 대하여 누구보다도 잘 아는 분이 경제수석비서관으로 재직하고 있다는 것은 너무나 다행스런 일이라고 생각했다. 면담을 신청했고 면담은 성사되었다.

박병원 당시 수석비서관은 만나자마자 필자에게 "경제자유구역을 설정해 놓고 당시 실무추진위원회 위원장이었던 권오규 장관과 간사였던 본인은 모두 떠나 있는데 혼자 남아서 고군분투하신다는 말씀 잘 들었습니다."라고 인사했다. 필자는 좋아서 하는 일이라고 회답했다. 그러고 나서 필자는 찾아온 목적을 차분하게 말했다. "작년에는 권오규 장관의 도움으로 경제자유구역 내의 외국 대학 및 연구소 유치를 위한 초기 설립준비비 및 운영비 명목으로 국비 50억 원이 지원되었습니다. 그런데 금년에는 경제자유구역 내 글로벌대학교 캠퍼스 건설을 위한 첫해 예산 400억 원을 신청해 놓고 있습니다. 400억 원 전액이 확보되지 못하더라도 300억 원 이상은 확보되어야만 사업에 차질이 없습니다."라고 사정을 전했다.

사실은 경제자유구역의 성공 여부는 '외국 대학 학부 과정과 병원의 유치에 달려 있다.'라는 생각을 권오규 전 기획재정부장관, 박병원 전 수석비서관, 필자 세 사람이 모두 같이하고 있었다. 또한 박병원 전 수석은 기획국장 당시 필자에게 인천 경제자유구역 내에 외국대학을 유치하여 글로벌대학교를 설립하는 업무를 추진해 보는 것이 어떻겠느냐고 필자에게 권고한 장본인이기도 했다. 박 전 수석은 "외국 대학을 유치하여 송도에 반드시 글로벌대학교를 설립해야지요."라고 필자에게 다시 확인했다. 필자는 이렇게 대답했다. "그 답은 수석께서 더 잘 알고 있지 않습니까?" "그렇지요. 꼭 필요한 사업이지요. 잘 알겠습니다."라고 박 전 수석은 답변했다.

필자는 미국 출장 스케줄에 따라 곧바로 미국을 방문하여 라이스대학교(Rice University), 밴더빌트대학교(Vanderbilt University), 플로리다 대학교(University of Florida)을 거쳐 델라웨어대학(University of Delaware)을 방문하고 있었다. 출장 중 지식경제부의 김도균 팀장으로부터 310억 원의 건설비가 내정되었다는 반가운 소식을 들었다. 인천글로벌대학교 캠퍼스 건설은 이렇게 시작되었다. 필자는 첫해, 첫 건설예산의 필요성을 이해하고 도움을 준 관계관 여러분께 다시 한 번 마음 속으로 깊이 감사드린다. 참으로 고맙고 반가운 일이었다. 필자는 이렇게 생각했다. 나라의 중요한 일이 우리나라의 우수한 공무원에 의하여 이렇게 결정되고 추진되는구나. 이들이야말로 우리나라의 훌륭한 인재요 동량이다라고. 그런데 약 1개월 후 90억 원의 국비예산이 추가 배정되어 결국 당초 요구했던 건설예산 400억 원이 배정되었다. 국회에서도 이의 없이 건설예산 400억 원이 그대로 확정되었다.

그 후 2차 및 3차년도의 예산은 제경희, 김종옥, 민상기 과장의 적극적인 노력과 경제자유구역 기획단장을 역임한 박청원 전단장과 권평오 전단장의 현명한 판단과 지원이 크게 기여 하였다.

외국 대학 유치가 외화 획득과 일자리 창출의 원천이 된다

한국은행과 교육과학기술부가 발표한 자료에 따르면 한국 해외 유학생이 사용하는 연간 총외화 규모는 약 50억 달러(약 5조 5,000억 원)로 추산된다. 여기다 자녀 유학에 따른 부모의 해외 나들이로 인해 발생하는 외화 사용금액을 합치면 그 규모는 더 커질 것이다. 그런데 인천 송도의 글로벌대학교 캠퍼스가 학생 3만 명 규모로 완성된다면 연간 순외화가득 규모는 10억 달러가 될 것이다.

현재 인천 송도에서 추진하고 있는 제1차 글로벌대학교는 학생 수로 약 1만 명 규모이다. 학생 1인당 2개 학기 등록금 약 2,200만 원, 기숙사비 약 800만 원, 학용품 및 기타 생활비 400만 원을 합하면 방학을 제외한 10개월 동안의 총 학비는 약 3,500만 원이 소요될 것으로 추산된다. 미국 본교 유학 경비 약 6만 4,000달러(2개 학기 약 10개월)에 비하면 절반 정도이다. 한국 학생이 미국 본교로 유학을 가지 않고 인천글로벌대학교에서 미국 대학의 확장 대학에 입학할 경우 유학생 1인당 연간 약 6만 4,000달러(약 7,000만 원)의 외화가 절약된다. 인천글로벌대학교 캠퍼스 학생 약 1만 명 중 한국학생 4,000명이 입학했다고 가정할 때 연간 외화 절감효과는 약 2억 5,000만 달러(약 2,800억 원=7,000만 원×4,000명)로 추산된다. 더욱이 학부모들의 유학생 방문에 따른 미국 나들이 비용까지 합하면 외화절감효과는 이보다 더 클 것이다.

반면 인천글로벌대학교 캠퍼스에 외국 유학생 6,000명이 입학할 경우 연간 외화가득 효과는 약 2억 달러(약 2,200억 원)로 추산된다. 중국 유학생이 외국 유학생의 약 절반을 점유한다고 가정하면 중국 유학생 부모와 가족의 한국 방문에 따라 외화가득 효과는 더 커질 것이다. 따라서 총 연간 외화가득 규모는 4억 5,000만 달러(=2억 5,000만 달러+2억 달러) 혹은 5,000억 원 이상으로 추산된다. 순외화가득률이 70%로 추정됨으로 순외화가득 규모는 3억 1,500만 달러이다. 만일 인천의 글로벌 학생이 3만 명으로 증가될 경우 순외화가득 규모는 약 10억 달러(약 1조 1,000억 원)정도일 것이다.

인천에 학생 약 3만 명 규모의 글로벌대학교가 설립되고 약 90개의 국내외 연구소가 인천글로벌대학교 캠퍼스에 위치할 경우 외국인 교수 및 연구인력을 위한 일자리는 얼마나 창출 될 것이며, 한국 인력을 위한 일자리는 과연 얼마나 창출될 것인가? 인천글로벌대학교가 완성되면 총추가고용 효과는 1만 5,000개가 될 것이며, 총 한국 인력 고용효과는 약 1만 2,600개, 외국 인력 고용효과는 2,400개가 될 것이다.

인천글로벌대학교 캠퍼스에서는 학생 20명당 1명의 외국인 교수인력을 확보하게 될 것이므로 약 1,500개의 교수 일자리가 창출될 것이다. 선진국 특히 미국 대학 정규 교수는 가르치는 일, 연구하는 일, 지역발전에 봉사하는 일에 모든 시간을 보내는 반면 학생을 지원하는 일, 연구를 보조하는 일, 행정을 하는 일을 모두 보조인력에게 맡기는 것이 우리나라 대학 현실과 다른 점이다. 따라서 교수 보조인력이 학교에 따라 차이는 있으나 교수당 평균 2명이 필요하다. 그 외에 도서관, 식당, 보안요원, 청소, 서점 및 각종 상점, 인쇄, 각종 서비스 용역 등이 한국 현지 인력으로 채워질 것이다. 또한 간접고용 효과까지 합하면 총한국 인력고용 효과는 약 4,500개에 달할 것이다. 인천글로벌대학교 캠퍼스에 약 90개의 기업 연구소가 입주하여 평균 고용인력이 100명으로 유지된다면 기업 연구소의 한국 인력의 총 고용효과는 8,100개(=9,000×90%)가 될 것이다.

빠른 세계화로 인한 소득격차, 진정성을 가지고 해소해야

인천글로벌대학교 캠퍼스의 성공적인 설립과 확대를 통해 얻는 가장 큰 이득은 우리나라 신성장 동력의 창출과 동아시아공동체의 핵심국가로 성장하는 데 없어서는 안 될 필수 인프라의 조성이다. 따라서 인천글로벌대학교 설립의 국가적 혜택은 자못 클 것이며, 수치로는 계산하기조차 어렵다. 인천글로벌대학교 캠퍼스 설립의 부차적인 가치인 순외화가득과 일자리 창출면에서만 볼 때도 인천글로벌대학교 설립과 운영을 위한 정부의 총재정지출은 5년차에 모두 환수될 수 있을 것으로 추산된다. 그 이후의 외화가득은 모두가 순외화가득이다. 이는 인천글로벌대학교 캠퍼스의 성공적 설립을 통한 빠른 세계화의 추진이 얼마나 국가적으로 큰 이득을 가져다 주는지를 말해 준다.

그런데 인천글로벌대학교 캠퍼스의 '글로벌 인재' 양성과 '원천기술' 개발능력 제고에 대한 가장 큰 혜택은 주로 국내외 대기업이 받게 될 전망이다. 따라서 국내외 대기업이 인천글로벌대학교의 '장학 및 연구기금' 모금사업에 앞장 설 것으로 믿는다. 인천글로벌대학교 캠퍼스의 설립은 세계화를 촉진한다. 그런데 세계화는 소득격차의 양극화라는 부작용을 피할 수 없다. 따라서 인천글로벌대학교는 소득격차의 양극화를 최소화하는 일에 진정성을 가지고 대응해야 한다. 이는 세계 각 지역에서 모여든 글로벌대학교의 학생에게 소득격차의 양극화를 인도적으로 해결하기 위해 진정성을 가지고 노력하는 윤리적 모습을 보여 주기 위해서도 필요한 교육사업이다. '장학 및 연구기금'을 조성하여 우선 다음과 같은 2가지 중요한 사업을 추진해야 한다.

첫째, 글로벌 인재로 성장 가능한 우수한 인재로서 학비가 부족하여 인천글로벌대학교에 입학할 수 없는 학생들을 위한 장학기금이 확보되어야 한다. 이 사업은 글로벌대학교로서 무엇보다도 가장 먼저 해야 할 사업이다. 장학금을 단계적으로 증액하여 국내 저소득층 자녀와 개발도상국의 학생에게 더 많은 혜택이 돌아가도록 진정성을 가지고 노력해야 한다. 인천글로벌대학교 캠퍼스에 위치할 연구소와 벤처 회사가 상급 학년 대학생과 대학원생들에게 연구소와 벤처회사에서 실험하면서 공부하는 기회를 제공하는 사업도 학비조달에 도움이 될 것이다. 저소득층 자녀와 개발도상국 학생들에게 교육의 기회를 마련해 주는 것이 소득격차 해소의 지름길이기 때문이다.

둘째, '글로벌빈곤연구소(Global Poverty Research Institute, GPRI)'의 설립이다. 이 연구소에서는 빠른 세계화에 따른 소득격차의 양극화로 '부익부 및 빈익빈'의 부작용을 최소화하기 위한 가장 효과적인 방안을 연구하여 이를 실천에 옮겨야 한다. 특히 개발도상국 국가들을 위해서는 경제개발과 소득향상을 위해 실질적으로 도움이 되는 연구와 실천사업이 병행되어야 한다. 이 연구소는 '장학 및 연구기금'이 모금되는 대로 우선 작은 규모로 시작하여 단계적으로 확대되어야 한다. 이 '글로벌빈곤연구소'가 진정성과 헌신적인 마음으로 개발도상국 국가들을 위해 경제개발의 '동기와 의지', '모멘텀과 우리도 할 수 있다는 긍정적 정신'을 한국의 경제개발 경험을 통해 배우고 공유할 수 있도록 적극 지원해야 한다.

앞으로 한국은 기존 선진국과는 근본적으로 차별화된 역동적인 '한국형' 지식기반 및 문화기반경제로 발전해 나가야 한다. 또한 '한국형' 윤리기반적 복지국가를 건설해 나감으로써 개발도상국 국가들의 모범이 되어야 한다. 이것이 한국의 선진화와 세계화의 혜택을 개발 도상국 국가들과 나누어 공유하는 품격 있는 국가로 거듭나는 길이다. 또한 수천 년 동안 전해 내려오는 우리나라의 전통적 생활규범이요, 윤리적 기준인 '홍익인간'을 실천하는 길이기도 하다.

싱가포르의 외국 대학 유치 프로그램을 소개한다

최근 선진국의 우수 대학 유치에서 가장 성공적인 사례는 싱가포르라고 한다. 그러나 필자는 그렇게 생각하지 않는다. 필자는 2006년 싱가포르의 외국대학유치사업인 'WCU(World Class University) 프로그램'에 대한 분석·평가 보고서를 작성하여 경제자유구역 기획단에 보고한 바 있다. 무역협회가 일주일에 걸쳐 현지 조사한 자료를 입수하여 자세히 분석했고 간단한 보고서를 작성했다.

이 보고서에서 필자는 '싱가포르의 WCU 프로그램'에 따른 10개의 외국 대학 유치사업은 '한마디로 성공 스토리를 만들지 못할 것'

이라는 결론에 도달했다. 그 이유는 우리나라 원화 기준으로 약 2조 원을 들여 10개의 외국 대학을 유치했으나 이들은 모두 대학원이었다. 이공계 분야 대학원의 경우 대학원 학생들에게 장학금을 주지 않으면 최우수 학생을 유치하기가 힘든 것이 현실이다. 따라서 이공계 대학원의 경우 정부지원금을 학교시설 확장, 고액의 장학금 지급, 고액의 교수 처우에 사용할 수밖에 없다. 과연 정부지원금이 얼마나 계속될 수 있겠는가? 다만 MBA 프로그램은 고액의 등록금을 받을 수 있으므로 프로그램이 지속될 수 있다. 프랑스의 INSEAD와 시카고대학교의 경영대학원의 경우는 성공할 것이다.

이공계 대학원 유치의 경우 지속성의 문제도 있지만 외국 대학 유치를 위해 들어간 투자에 비하여 교육효과가 매우 적다는 문제도 있다. 만일 2조 원을 들여 학부 과정을 개설했다면, 적어도 학생 1만 명 규모의 대학교 캠퍼스가 건설되었을 것이고, 초기 5년간 대학교 운영지원 재원도 충분히 충당할 수 있었을 것이다. 학생수면에서도 학부 학생수가 월등히 많고 대학에서는 고액의 등록금을 받을 수 있으므로 지속가능한 교육사업이 될 수 있었을 것이다. 또한 교육효과나 학생수뿐만 아니라 감수성이 예민한 10대 후반과 20대 초반 교육이 대학원 교육보다는 글로벌 인재 양성 교육으로서의 효과가 훨씬 더 클 것으로 판단된다.

필자가 싱가포르의 WCU 프로그램에 대해 작성한 보고서 내용을 간단히 요약해 보겠다.

싱가포르는 '전 세계 교육 허브' 및 '글로벌 대학 타운'을 만들기 위한 'WCU 프로그램'을 1998년부터 추진했다. 목표는 세계 수준의 대학원을 유치하여 싱가포르에 정착하는 것이다. 유치된 10개의 최우수 외국 대학원 중에서는 미국의 시카고대학교의 경영대과 프랑스 INSEAD의 MBA 과정을 가장 성공적으로 추진하고 있다. 중요한 사실은 이 두 대학원이 싱가포르 국내대학과의 공동사업이 아니라 독자사업이며, 싱가포르정부로부터 지원을 직접 받으면서 완전 독자적인 경영을 한다는 것이다.

그러나 나머지 8개의 외국 대학원은 모두 싱가포르 국내대학과 공동으로 사업을 추진하도록 되어 있다. 필자의 견해로는 완전히 독자적으로 운영하는 미국의 시카고대학교 경영대학원과 프랑스의 INSEAD는 성공적으로 잘 될 것이다. 그러나 나머지 8개 대학은 국내대학이 주도하는 경영체제가 될 것이므로 어려움을 겪을 가능성이 높다. 또한 이공계 분야 대학원의 경우 성공확률이 희박할 수밖에 없다. 아주 우수한 학생들은 시설과 연구 분위기가 세계 최고수준이며 등록금과 생활비가 제공되는 미국의 대학원을 선호할 수밖에 없기 때문이다.

최근 싱가포르정부는 Yale-NUS 프로그램을 개발하여 교양학부 4년제를 운영할 계획이라고 한다. 대단히 충격적이다. 그러나 이 프로그램을 이수하면 예일(Yale)의 학위가 아니라 싱가포르국립대학(NUS)의 학위를 받게 되므로 그 의미가 퇴색될 수밖에 없다.

따라서 우리나라에서는 어떤 경우에도 유치된 외국 대학의 설립과 운영을 국내대학과 합작으로 추진하게 하는 것은 피해야 한다. 이는 실패를 자초하는 가장 큰 원인을 제공하기 때문이다. 다음은 당시 기획재정부에 보고한 「싱가포르의 세계 수준 대학원 프로그램에 대한 평가와 시사점」 보고서 전문이다.

| 싱가포르 WCU 프로그램에 대한 평가와 시사점 |

1. 배경

- 세계 해외유학 시장규모는 연간 2조 2,000억 원
- 세계 해외 유학생 180만 명 중 아시아 지역 유학생이 81만 명으로 45%
- 아시아 지역 유학생은 주로 중국, 한국, 일본, 말레이시아, 인도, 싱가포르 출신이 대다수
- 특히 중국의 고등교육(대학교육) 진학자는 2005년 약 1,600만 명이며 대학 지망자 수는 약 4,800만 명(한국 진학자수 약 47만 명, 졸업자 수 약 57만 명)

2. 목적

- 폭증하는 아시아 지역의 영어권 교육 서비스 수요를 충족하기 위하여 선진국인 미국 및 EU에서 고등교육기관을 유치함으로써

싱가포르 경제의 성장 동력으로 활용하는 것을 목적으로 함.

3. 싱가포르의 외국 우수 대학원 유치현황

◆ 유치된 대학원의 특징

• 세계 우수 대학원 10개 유치(4년제 학부는 유치한 바 없음)

• 10개 중 8개 대학원이 싱가포르국립대학(NUS), 난양기술대학(NTU), 싱가포르경영대학(SMU), 싱가포르국립대학병원(NUH)과 공동으로 설립·운영

• 싱가포르의 파트너 캠퍼스에 별개의 작은 공동 프로젝트 센터를 건설하여 운영함으로써 싱가포르 국내 파트너 대학의 변화를 유도

• 다만 2개 대학원(INSEAD와 시카고대학의 경영대학원)만 독립적인 분교 형태의 대학원(Branch Graduate School)을 설립, 싱가포르 국내대학 관여 없이 독립적으로 운영

• 10개 대학원 중 6개가 미국, 2개가 독일, 1개가 프랑스, 1개가 중국에서 유치

◆ 각 대학원의 특징

• 존스홉킨스대학원(JHS)을 1998년 6월에 유치

 - 싱가포르국립대학병원 내에 JHS와 NUH 공동으로 국제의학센터 설립

 - JHS는 NUH와 협력하여 공동으로 지역 풍토병 연구

- JH대학은 NUS와 공동으로 석사 및 박사 과정을 설치할 계획
- MIT 대학원을 1999년 7월에 유치
  - MIT가 싱가포르국립대학과 난양기술대학과 협력관계 구축
  - 1999년 2개 분야 공동 대학원 교육 프로그램 유치 점차 늘려감
- The Wharton School at the University of Pennsylvania을
  2000년 8월에 유치
  - 워튼은 싱가포르경영대학(SMU)과 공동으로 워튼-SMU 연구
    센터 설치
  - 연구센터에 파견된 교수는 SMU의 석사·박사 과정을 지도
- INSEAD를 2000년 1월에 유치
  - 프랑스 INSEAD의 분교로서 자체 캠퍼스를 가진 아시아 최초
    의 국제비즈니스대학원의 분교
  - MBA 과정과 간부 및 실무과정 교육 및 연구수행
  - MBA는 약 600명이 될 것이며, 간부교육 과정도 5,000명으로
    확대될 것으로 기대
- The University of Chicago Graduate School of Business를
  2000년 9월에 유치
  - 시카고경영대학원의 분교이며, 19개월짜리 국제실무 MBA 과
    정 설치
  - 회사를 다니면서 특정 기간만 싱가포르에 와서 집중교육을 받
    는 과정

- Technische Universiteit Eindhoven(Tu/e)을 2001년 5월에 유치

  - 에인트호번대학을 싱가포르의 난양기술대학(NUS)과 합작으로 대학원 과정의 디자인기술원(DTI)을 설립

  - DTI는 실제 제품화에 도움이 되는 석사 과정 교육에 역점을 두되 매년 박사 90명, 석사 56명 배출 예정

- Georgia Institute of Technology를 2001년 7월에 유치

  - 싱가포르국립대학과 공동으로 태물류연구소(TLI-AP)를 설립

  - 18개월 석사 과정으로 NUS와 조지아공대 석사학위 동시에 취득

- Shanghai Jiao Tong University(SJTU)를 2002년 10월에 유치

  - 싱가포르의 난양기술대학과 공동으로 환경 및 건설 관리 분야 석사 과정 운영

  - SJTU는 1897년에 설립된 역사 깊은 대학 중 하나

- Technische universitat Munchen(TUM)을 2003년 4월에 유치

  - 싱가포르국립대학과 공동으로 화학 분야 석사 과정 운영

  - TUM은 유럽에서 유명대학이며 화학 분야 노벨상 수상자 5명을 배출

- Stanford University를 2003년 6월에 유치

  - 난양기술대학과 공동으로 환경과학 분야의 공동석사 및 박사 과정 운영

  - 아시아 환경시장 규모가 2010년에는 1,050억 달러 규모가 될

것으로 전망(현재의 3배)

4. 싱가포르의 교육 허브 정책의 평가

- 싱가포르정부가 명문대학의 대학원 유치에는 성공했으나 약 1～2조 원 이상의 재정자금 투자에 비하여 그 효과가 크지 못함.

- 그 이유는 유치된 모든 외국 교육기관이 대학원에 국한되어 있으므로 규모면에서나 교육효과면에서 그 영향력이 4년제 대학에 비해 아주 적을 수밖에 없음.

- 2개의 대학원(시카고 경영대학원과 프랑스 INSEAD)을 제외하고는 8개 대학 모두 싱가포르의 국내대학 및 연구소와 독립관계(Independent)가 아닌 공동 설립 관계이므로 싱가포르 국내대학과 연구소에 미치는 영향이 기대했던 것보다 미미할 수밖에 없음(외국 교육기관의 싱가포르화 경향 때문).

- 외국 교육기관 유치가 대학원에 국한되어 있으므로 유치된 외국 교육기관으로부터 싱가포르에 파견된 상주 교수의 수가 대학 학부 과정에 비하여 매우 적을 수밖에 없으므로 그 영향력도 기대 이하가 될 것임.

5. 우리에게 주는 시사점

- ◆ 초기부터 미국 대학의 4년제 학부 과정의 유치가 필요

- 차세대 '신성장 동력 산업'의 육성을 위해서는 최소한 학부 과정

에서부터 미국 교육을 받아야 함. 그래야 미국 10위권 대학원 진학과 미국 일류기업의 취업이 가능함. 후일 미국 기업이 아시아 시장 리더로 성장하여 그 경험을 바탕으로 한국의 차세대 '신성장 동력 산업' 육성을 위한 핵심 두뇌인력으로의 성장을 기대할 수 있음.

- 앞으로 '신성장 동력 산업'이 될 첨단산업, 지식기반서비스산업 및 문화산업의 세계 네트워크의 핵심 구성원으로 참여하게 될 글로벌 리더를 양성하려면 미국 대학의 4년제 학부 과정을 인천글로벌대학교에서 끝마친 후 미국 일류 대학원 교육과 미국 일류기업에서의 다년간 근무경험을 필요로 함.

- 따라서 초기부터 파급효과가 큰 4년제 학부 과정을 우선 유치하는 것이 바람직(대학원과 첨단 연구소도 동시에 유치)

- 특히 한국의 경우 중국 및 인도의 충격을 대비하는 데 시간적 여유가 제한되어 있으므로 대학원에 비해 그 영향력이 훨씬 큰 4년제 학부 과정을 대학원 과정과 동시에 유치할 필요가 있음.

- 중국이 우수 외국 대학 학부 과정을 한국보다 앞서 유치한다면 한국은 새로운 성장 동력 산업을 육성하기가 더욱 어려워짐.

- 미국 명문대학인 University of Michigan at Ann Arbor의 경우 중국 베이징대학에 생명과학 분야의 학부 과정을 분교 형식으로 설립을 추진 중임.

- 미국 명문대학인 New York University의 경우도 중국 상하이에

4년제 분교를 설립하기로 결정하고 이를 추진하고 있음.

- 미국 교육성의 장관인 Margaret Spellings가 지난 여름 10여 명의 미국 대학 총장과 중국을 방문한 후 한국 성균관대학교를 방문한 자리에서 중국은 앞으로 세계 100대 대학 안에 들어가는 미국 대학을 유치하거나 자체 발전계획을 정부에 제출할 경우 모든 지원을 아끼지 않겠다는 중앙정부의 방침을 미국 교육부장관이 이끄는 10여 명의 총장에게 약속했다고 함(정재영 전 성균관대학교 부총장)

- 따라서 외국 우수 대학의 학부 과정과 대학원 과정을 서둘러 유치하지 않으면 중국에게 그 기회를 잃게 되며 우리나라 경제의 미래경쟁력이 위기에 봉착할 우려가 큼.

◆ 유치된 외국 우수 교육기관을 독립적으로 운영해야

- 싱가포르의 경우와 같이 외국 교육기관과 국내 교육기관이 공동으로 대학원 과정을 설립한다면 국내대학의 경쟁력을 높이는 효과가 반감될 수 있음.

- 따라서 국내대학에 외국 대학 유치를 맡길 경우 파트너 국내대학은 유치된 외국 대학의 독립적 운영을 원치 않을 것임.

- 특히 4년제 외국 대학의 유치와 독립적인 운영을 원칙으로 할 경우 파트너 국내대학은 경쟁자를 유치하는 결과를 초래하므로 국내 교육기관들은 이러한 일을 결코 원하지 않을 것임.

◆ 한국의 해외유학 및 연수비용 연간 약 50억 달러

- 해외유학 및 연수를 국내에서 실시함으로써 달러의 해외유출을
  절감
- 또한 해외 유학생을 유치 송도 외국인 대학 총학생의 약 60%가 외
  국 학생으로 구성될 것이므로 외화획득의 기회(교육서비스의 수출)

9장

외국 대학 및 연구소는 어떻게 유치되고 있나

인천글로벌대학교 캠퍼스를 설립하려면 외국 유명대학과 유명 연구소를 유치하는 일과 캠퍼스 부지, 학교건물, 기숙사, 교수 아파트 건설자금을 확보하는 일이 관건이었다. 외국 대학의 유치는 2004년부터 시작되었다. 그때는 학교부지도 없고 건설자금도 전혀 없었다. 그야말로 1평의 땅도 1원의 자금도 없던 때였다. 필자는 오직 왜 외국 대학을 유치해야 하는가, 미국 대학이 한국에 확장대학을 설립할 경우 장차 미국 대학과 미국이 어떤 이득을 기대할 수 있는가라는 2개의 질문에 대한 답변을 정리한 자료밖에는 없었다. 이 자료만 들고 다니면서 미국의 대학과 연구소 유치에 심혈을 기울이기 시작했다.

현대그룹의 정주영 회장이 현대조선을 설립한 후 조선소 부지와 조선소 청사진만 가지고 다니면서 수주 영업을 시작했을 때의 어려움과 수주를 달성했을 때의 흥분을 연상케 했다. 필자는 외국 대학을 유치하여 우리나라에 정착시켜야만 새로운 성장 동력 창출이 가능할 것이라는 믿음을 가지고 있었다. 더불어 이러한 믿음을 우리나라의 유능한 경제관료가 충분히 이해하고 협조해 줄 것이라는 믿음도 함께 가지고 있었다. 따라서 학교부지와 건설에 필요한 예산을 충분히 마련할 수 있다는 확신이 있었다. 이러한 확신이 있었기 때문에 외국 대학 유치에 전력투구할 수 있었다. 더욱이 대학 유치에 어려움이 있을 때마다 조부모님의 말씀이 용기를 주었다. "사람은 태어나서 나 개인만을 위해 살지 말고, 많은 사람들에게 혜택이 될 수 있는 일을 위해 살아야 한다."는 귀한 말씀을 되새기곤 했다.

'무'에서 '유'로 탄생할 인천글로벌대학교 캠퍼스는 머지않아 어린아이들에게 꿈과 비전과 희망을 줄 것이다. 이 아이들은 우리나라를 동아시아 지역의 교류 중심국가로 우뚝 세우는 데 기여할 글로벌 인재로 성장할 것이라고 생각할 때마다 힘과 용기가 솟는다. 지금도 대학설립지원재단은 여러 가지 어려움에 봉착해 있지만 이 소중한 과업을 성공적으로 성취하기 위해 최선을 다하고 있다.

필자는 정부지원 없이 (사)아시아개발연구원의 이사장 자격으로 또한 인천 경제자유구역청의 교육 관련 자문위원 자격으로 인천글로벌대학교 관련 업무를 수행하고 있었다. 초기 단계(2004~2009)이고 이 사업은 국내적으로나 세계적으로도 그 사례가 없었으므로

(싱가포르의 경우 대학원 유치였으므로 규모도 작고 설립 절차도 비교적 간단했음) 인천광역시는 글로벌대학교를 위한 별도의 재단을 설립하지 못하고 있는 실정이었다.

따라서 외국 대학 유치를 6년 동안 필자의 자력으로 추진할 수밖에 없었다. 필자는 다행히 잘 아는 중견기업의 고문으로 추대되어 외국 대학 유치에 필요한 최소한의 지원을 보장받을 수 있었다. 방한하는 외국 대학총장, 부총장, 연구소장 등을 인천 송도로 안내하는 교통편의 제공과 필자의 잦은 해외 출장 편의를 제공받음으로써 인천글로벌대학교 설립준비를 불편 없이 착실히 추진할 수 있었다. 이 과정에서 박동석 전 인천광역시 정무부시장이 무보수로 인천글로벌대학교 설립준비 업무를 수년 동안 지원해 오고 있다.

첫 방문 대학, 미국 템플대학교

외국 명문대학을 인천경제자유구역 송도에 유치하려고 필자가 외국을 방문하기 시작한 때는 2004년 7월이다. 우선 미국 필라델피아에 있는 템플대학(Temple University)의 일본 도쿄 분교인 일본템플대학(재학생 약 2,000명 규모)을 방문했다. 또한 템플대학의 법과대학과 공동 프로그램을 운영하고 있는 베이징 소재 칭화대학의 법과대학도 같은 해 9월에 방문했다.

그런데 2004년 4월 인천대학교의 모 교수가 미국 변호사 찰스 피셔맨(Charles Fisherman)을 소개하여 조선호텔에서 처음 만나 조찬을 함께했다. 피셔맨은 미국 대학 유치에 도움을 주는 대신에 서비스에 대한 대가를 원했다. 미국 변호사이기에 당연한 요구였다. 그러나 필자는 인천시가 아직 그럴 준비가 되어 있지 않은 상태라고 설명하고는 만나 함께 일할 때 식사비와 교통비는 부담할 수 있으나 그 이상의 지원은 당분간 어려울 것이라고 답변했다. 그는 약 3시간 동안의 첫 조찬 만남 끝에 "너의 열정과 비전을 잘 이해했다. 재단이 생긴 후에 본인 서비스의 대가를 후불해 줄 수 있다면 적극 협조하겠다."는 약속을 해 주었다.

필자도 미국 시러큐스대학(Syracuse University)에서 유학했으나 미국 대학의 확장대학을 한국에 유치하는 일은 처음 하는 일이었다. 피셔맨 변호사와의 대화를 통해 미국 대학을 유치하는 데 필요한 지식부터 익히기 시작했다. 이 과정에서 필자는 미국 템플대학의 순위(랭킹)가 미국에서 120~180위 사이이므로 대학 순위가 100위 이내에 속하는 명문대학을 소개해 줄 것을 부탁했으나 피셔맨은 템플대학의 변호사이므로 템플대학의 유치를 계속 권고했다.

2004년 9월에는 미국의 템플대학 본교를 방문했다. 그때 워싱턴에 있는 조지워싱턴대학(George Washington University)의 학장 대리를 면담했으나 대학본부간부가 아니어서 대학 유치에는 큰 도움이 되지 않았다. 그런데 당초에 소개받은 전임 학장인 마이클 양 박사(Dr. Michael Young)는 일본과 한국통으로 한국에도 잘 알려진 인물이다. 전 지식경제부 국장이며 현 STX의 에너지부문 사장인 이병호 사장이 미국 유학 시절 법과대학 스승이었던 양 박사(Dr. Young)를 필자에게 소개해 주었다.

그런데 필자가 미국 방문 약 1개월 전에 미국 유타대학(University of Utah)의 총장으로 영전했다. 필자는 유타대학 총장 마이클 양 박사의 초청으로 2004년 9월 유타대학을 방문했다. 이 대학 역시 대학 순위가 미국에서 130위 정도로 화학·생물·물리 분야에서는 우수했으나 유치에는 행정적인 애로가 있었다. 그러나 최근 유타대학교의 교육대학에서 인천글로벌대학교 캠퍼스에 큰 관심을 가지고 인천 자유구역청과 MOA를 체결했다. 이 대학원에서는 미국 내에서 근무할 초·중등학교 선생을 양성할 예정이다.

템플대학에 3일 동안 머무르면서 약 17명의 학장, 학과장, 교수를 만나는 강행군을 하면서 이들을 설득하는 경험을 쌓았다. 이 때의 경험은 후일 100위 이내에 속하는 미국 명문대학을 방문하여 설득하는 데 큰 도움이 되었다. 사실은 템플대학을 방문하기 전에 피셔맨 변호사의 워싱턴 사무실에서 템플대학 방문 시의 대화요령을 온종일 지도받았다. 이때의 경험은 후일 큰 도움이 되었다.

2005년 6월에는 템플대학 수석부총장이 이끄는 5명의 대표단이 한국을 방문하여 인천광역시 시장, 인천자유구역청 청장, 재정경제부의 부총리, 재정경제부의 경제자유구역 기획단장을 모두 만나 템플대학의 한국 진출을 논의했다. 그러나 미국에서 순위가 너무 낮은 대학이라는 이유와 당시 한국 측의 준비 부족으로 템플대학을 유치하는 데 성공하지 못했다.

외국 대학 및 연구소 유치를 위한 전략을 세워라

2004년 9월, 첫 미국 방문 이후 필자가 절실하게 깨달은 것은 무엇보다 외국 대학 유치전략과 사전계획이 필요하다는 것이었다. 필자는 본격적인 조사활동에 착수했다. 우선 21세기 주도 산업은 생명공학산업이 될 것을 전제로 했다. 이 분야에서 가장 앞서가는 나라가 바로 미국이다. 따라서 우선 미국의 생명공학산업 현황을 파악해야 했다. 워싱턴 DC에 있는 미국의 대표적인 경제 싱크탱크인 브루킹스연구소(Brookings Institution)의 연구보고서를 살펴보았다. 다행히 2002년에 발간한 미국의 생명공학산업 클러스터에 관한 보고서가 있었다.

이어서 미국 서부 지역의 대표적인 연구소이며, 로스앤젤레스에 있는 밀켄(Milken)연구소에서 2004년에 발간한 미국의 생명공학산업 클러스터에 관한 보고서를 찾아냈다. 필자는 이 두 자료를 밑줄을 그어 가며 탐독했다. 그 자료에서 미국의 생명공학 클러스터 12개 중 미국 캘리포니아 주 남쪽에 있는 샌디에이고 지역이 1위이고, 보스턴 지역이 2위, 노스캐롤라이나 주의 롤리-더럼 지역에 있는 리서치트라이앵글파크(Research Triangle Park, RTP)가 3위라는 사실을 알게 되었다.

또한 샌디에이고 생명공학산업 클러스터의 생명과학 분야의 대표적인 비영리 기관이 캘리포니아 샌디에이고주립대학, 솔크(SALK)생명과학연구소, 스크립스(Scripps)연구소라는 것도 알았다. 특히 솔크생명과학연구소는 미국에서 생명공학 분야에서 제일 우수한 연구소라는 사실도 알았다. 또한 샌디에이고 지역에는 200여 개의 우수한 생명공학 및 정보산업 분야의 기업 연구소가 위치해 있음도 알았다.

그렇다면 어떤 방법을 동원해서라도 미국 생명공학 클러스터 제1순위 지역에 있는 대학, 첨단 비영리 연구소, 기업 연구소를 유치해야겠다는 전략을 세웠다. 솔크생명과학연구소, 캘리포니아 샌디에이고주립대학, 스크립스연구소를 방문하기 위해 이메일을 수차례 보냈으나 답이 없었다. 아마도 필자가 생명공학 분야 학자가 아니고 경제학자였기 때문에 필자가 보낸 이메일에 별로 관심도 없었을 것이다.

그런데 당시 필자의 딸과 사위가 미국 조지아 주 애틀랜타 근교에 있는 조지아주립대학교(University of Georgia at Athens) 대학원에 재학 중이었다. 2005년 12월에 딸의 집을 방문하여 연말을 보냈다. 그 이듬해인 2006년 1월 초부터 솔크생명과학연구소와 스크립스연구소의 소장실과 캘리포니아 샌디에이고주립대학의 생명공학 연구 담당 부총장실의 비서에게 직접 전화를 걸기 시작했다. 수차례의 시도 끝에 솔크생명과학연구소의 부소장과 캘리포니아 샌디에이고주립대학의 부총장과의 면담이 성사되었다.

마침 캘리포니아 샌디에이고주립대학에는 브루킹스연구소의 수석연구위원으로 APEC(Asia Pacific Economic Cooperation)의 창시자 중 한 사람인 로렌스 크라우스 교수(Dr. Lawrence Krause)가 거주하고 있었다. 그는 존슨 대통령 시절에 백악관의 대외경제담당 비서관을 역임했다. 이 분이 브루킹스연구소의 연구위원 시절 『동아시아 국가 간의 경제정책의 상호의존(*Economic Interaction in the Pacific Basin*)』이라는 책을 집필했다.

필자는 한국개발연구원(KDI) 총량분석실장으로 근무하면서 그가 집필한 책에 「한국 경제기적(Economic Miracles in Korea)」이라는 제목으로 한국의 경우에 대하여 한 개의 장을 맡아 집필했다. 그때부터 가까이 지낸 사이였다. 이 분께 샌디에이고를 방문하게 되었다는 소식을 전했다. 그는 호텔로 가지 말고 자기 집에 머무르라고 나를 초대했다. 좀 불편하겠지만 옛 친구를 만나 우의를 다지며 재회한다는 생각에 호의를 받아들였다.

크라우스 교수는 내게 "미국 대학이나 연구소를 방문하여 유치 활동을 할 경우, 그들은 자신들이 기대할 수 있는 이득이 무엇이냐고 물을 것이다. 이에 대한 분명한 답변을 미리 잘 준비해야 한다."

라고 조언했다. 물론 필자도 나름대로 이에 대비해 생각해 둔 바가 있었으나 크라우스 교수의 조언은 필자에게 큰 도움이 되었다.

크라우스 교수의 부인 셸리 크라우스도 매년 남편과 함께 한국을 방문했다. 그때마다 가족이 함께 만났던 옛 친구이다. 연구소와 대학을 방문할 때마다 셸리는 시간을 맞추어 직접 운전하여 내 불편을 덜어 주었다. 샌디에이고에서의 첫 번째 방문지는 '솔크생명과학연구소'였다. 그 연구소의 부소장인 브루스 스티븐슨(Bruce Stevenson) 박사와 한 시간 정도 대화하는 동안 그의 관심을 끄는 데 성공했다. 당시 교수 칭호를 받는 60명의 선임연구위원 중 유일한 한국학자인 최승현 박사를 소개해 주었다. 지금 인천 송도의 솔크생명과학연구소의 분소에 해당되는 JCB(Joint Center for Bioscience)의 연구소장이다.

솔크생명과학연구소를 유치하라

필자가 솔크생명과학연구소를 방문했을 때 2006년 4월경에 인천경제자유구역청장과 함께 다시 방문할 것을 약속했다. 그해 4월 인천경제자유구역청장과 함께 다시 솔크생명과학연구소를 방문하여 부소장을 만났다. 그해 6월에는 당시 솔크생명과학연구소의 리처드 머피 소장(Dr. Richard A. Murphy), 브루스 스티븐슨 부소장, 최승현 박사를 필자가 이사장 겸 원장인 (사)아시아개발연구원(ADI) 이름으로 한국에 초청했다. 이들은 4일간 한국에 머물렀다. 우선 생명공학 관련 서울대학교 교수 8명을 만찬에 초청해 함께 면담했다. 그 후 면담은 인천경제자유구역청장, 재정경제부 경제자유구역 기획단장, 국무총리실 의료단지 담당관으로 이어졌다. 또한 대전에 있는 기초과학연구원도 방문하여 한국의 연구 분위기를 파악하도록 했다.

솔크생명과학연구소의 총인원은 약 800명이다. 규모는 그리 크지 않지만 미국의 생명공학 분야에서 우수한 논문이 가장 많이 발표되기로 유명한 생명과학 연구소이다. 생명공학 분야의 3대 학술지에 매년 평균 20여 편의 논문이 발표되며 1년 예산은 1억 달러 정도이다. 따라서 1편의 최우수 논문을 3대 생명공학전문지에 발표하는 데 드는 비용이 약 500만 달러가 되는 셈이다. MIT와 스탠퍼드의 경우 같은 수준의 최우수 논문당 약 1,200만 달러가 소요된다고 하니 솔크생명과학연구소가 얼마나 우수한 연구소인지 짐작이 갈 것이다.

미국의 생명공학산업 클러스터 1위인 샌디에이고 지역에는 200여 개의 최우수 기업 연구소가 몰려 있다. 그 이유는 샌디에이고 지역에는 캘리포니아 샌디에이고주립대학이 생명공학 분야와 의료산업에 특화되어 있기 때문이다. 또한 '솔크생명과학연구소', '스크립스연구소' 등 비영리 유명 연구소가 자리하고 있으므로 생명공학 연구여건이 잘 조성되어 있기 때문이다.

우선 솔크생명과학연구소와 같은 비영리 최우수 생명과학 연구소의 분소를 송도에 유치한다면 앞으로 기업 연구소 유치에 큰 도움이 될 것이라는 생각을 하게 되었다. 따라서 솔크생명과학연구소를 유치하기 위해 최선의 노력을 경주했다. 그 결과 2008년 8월 인천 송도에 솔크생명과학연구소의 분소격인 제이시비(JCB)생명과학연구소가 개소되었다. 초대 소장으로 최승현 박사가 취임하여 지난 3년 동안 연구소의 한국 정착을 위해 착실하게 발전하고 있다. 4차 연도인 내년부터는 부분적인 재정자립을 기대할 수 있을 것으로 예상된다. 또한 본격적인 연구결과도 기대할 수 있을 것이며 재정적인 자립 가능성도 보여 줄 것으로 기대된다.

다음은 총인원 약 3,000명 규모인 스크립스연구소(Scripps Research Institute)를 방문했다. 솔크생명과학연구소보다 약 10년 후에 발족했으나 그 규모가 구성인원으로 보아 솔크생명과학연구소의 약 4배이다. 부소장을 만났으나 당시 미국 플로리다 주에 분소를 만들고 있어서 2~3년 후에나 논의가 가능할 것이라는 답변이었다. 최근 강원대학교와 스크립스연구소가 10년간의 공동 연구 계약을 체결했다는 소식이다. 참으로 다행스런 일이다. 따라서 인천 송도에로의 유치는 어렵게 되었다.

캘리포니아 샌디에이고주립대학 의료 및 생명공학 분야 담당 부총장을 만나 여러 가지 의견을 나누고 의견일치를 보았다. 그러나 방문 후 곧 샌디에이고주립대학을 떠나 싱가포르대학으로 자리를 옮기고 말았다. 약 1년 후 캘리포니아 샌디에이고주립대학 총장에게 다시 편지를 보내 인천 송도를 소개하고 확장대학 설립을 간곡하게 권고했다. 그러나 아직은 그런 계획을 추진하기가 힘들다는 답변이었다. 결국 미국 생명공학 클러스터 1순위인 샌디에이고 지역에서는 당분간 솔크생명과학연구소 유치로 만족해야 했다.

미국 명문대학 캘리포니아 버클리주립대학의 첫 방문

2006년 11월에는 미국에서 가장 큰 연구소이며 미국 존슨 대통령의 요청으로 KIST 설립을 도왔던 바텔(Battelle)연구소를 방문했다. 11월 13일 저녁 부소장 5명 중 4명과 식사를 함께하는 것으로 방문이 시작되었다. 4명의 질문이 너무 날카로워 마치 박사논문 심사를 받는 분위기였다.

그 다음날 바텔연구소 소장 리처드 애덤스(Dr. Richard Adams)와 5명의 부소장 전원이 함께 모인 자리에서 인천경제자유구역 송도의 학술과학단지 비전은 물론 왜 미국 연구소의 유치가 한국에 필요하며 미국에는 어떤 이득이 있는가에 대해 설명했다. 바텔연구소 분소를 한국 인천 송도에 설립해 줄 것을 요청했다. 그 결과 이듬해인 2007년 4월에 바텔연구소와 필자가 이사장으로 있는 (사)아시아

개발연구원이 MOU를 체결했다. 외국 대학 및 연구소 유치 업무를 2004년부터 시작한 이래 3년 만에 처음으로 체결하는 MOU였다.

바텔연구소를 방문한 후 이어서 미국 캘리포니아 버클리주립대학을 방문했다. 버클리주립대학의 방문은 후일 미국 명문대학을 유치하는 데 있어 전환점이 되었다. 버클리주립대학의 방문이 성사될 수 있었던 것은 2006년 여름 캘리포니아 버클리주립대학의 종교학과장을 역임한 루이스 랭커스터(Lewis Lancaster) 교수 덕분이었다. 랭커스터 교수는 한국, 중국, 일본에 대한 식견이 넓은 분으로 지인의 소개로 만났다. 그는 인천 경제자유구역 방문을 원했고 필자가 안내했다.

서울에서 인천 송도까지 왕복 3시간을 승용차 뒷자리에 함께 앉아서 중국과 인도의 부상이 세계 경제에 미칠 충격적 영향에 대해 의견을 교환했다. 앞으로 있을 미증유의 중국·인도의 충격을 완화하려면 '쇼크 옵서버(Shock Observer)' 역할이 필요하다. '쇼크 옵서버' 역할은 중국·인도와 여타 나라 간의 '상호 의존도'가 높아지는 것이 바로 '쇼크 옵서버' 역할이다. 앞으로 인천글로벌대학교 캠퍼스에 입학하게 될 많은 중국 유학생들이 '쇼크 옵서버' 역할을 하게 될것이라는 의견에 생각을 같이했다.

중국 유학생은 많은 미국 학생, 한국 학생, 일본 학생, 기타 아시아 지역에서 온 학생과 함께 기숙사 생활을 하면서 공부할 것이다. 따라서 앞으로 세계화 과정에서 이러한 인적 네트워크가 중국

| 버클리주립대학신문-초청강의 광고

과 여타 국가와의 경제적·사회적·정치적·지역적 상호 의존도를 강화하는 데 기여할 것이다. 따라서 인천글로벌대학교 캠퍼스는 바로 이러한 '쇼크 옵서버' 창출의 원산지가 될 것이라는 비전에 대해서도 서로 동감했다.

버클리주립대학으로 돌아간 랭커스터 교수는 필자가 버클리주립대학을 방문하도록 초청해 주었다. 버클리주립대학에서 한국 경제의 미래상과 중국의 영향 그리고 인천경제자유구역의 내용과 역할에 대하여 특강을 해 줄 것을 함께 요청해 왔다. 또한 버클리주립대학의 주요 교수와의 면담을 주선하겠다는 소식도 함께 보내 왔다. 필자는 즉시 버클리주립대학 방문을 수락했다.

4일 동안 버클리주립대학에 머무르면서 하루에 교수 6~7명씩 20여 명을 면담할 수 있는 좋은 기회를 갖게 되었다. 또한 '동북아 지역에서의 한국의 역할'이라는 제목으로 특강을 하면서 인천경제자유구역의 설립과 미국 명문대학 유치의 필요성을 설명했다. 버클리주립대학 방문 마지막 날 오후에는 로버트 제이 버지노(Robert J. Birgeneau) 총장을 만나 약 40분간 면담했다. 그 자리에서 동아시아의 비전과 중국 경제의 충격적 성장과 발전이 세계 경제에 미칠 영향에 대해 논의했다. 인천글로벌대학교의 성장이 중국과 기타 국가와의 경제적 상호 의존도를 높이는 데 도움이 될 것이므로, 중국의 충격을 완화하는 데 큰 역할을 할 것이라고 설명했다.

외국 대학을 유치하는 일이 얼마나 구체적이며, 현실적으로 어려운 일인지를 알리기 위해 버클리주립대학의 방문 일정을 아래와 같이 참고로 기재한다.

Schedule for Dr. Song

Visit to Campus

November 14-17, 2006

Tuesday, November 14

10:13pm   Arrive SFO

Airport pick up by Bay City Limousine at UA Flight #423

baggage claim

Phone: 1-800-956-8229 or 415-642-9355

Check in at Hotel Durant

2600 Durant Avenue, Berkeley, CA 94704

Phone: 510-845-8981 Fax: 510-486-8336

Confirmation # 060FMW

Wednesday, November 15

9-9:30am   Meeting with Paul K. Wright, A. Martin Berlin Professor of
                Mechanical Engineering and Chief Scientist, CITRIS
                http://kingkong.me.berkeley.edu/people/tech_stuff.htm
                Venue: 284 Hearst Memorial Mining Bldg

9:30-11am   Meeting with Shankar Sastry, Director, CITRIS
                http://robotics.eecs.berkeley.edu/~sastry/
                Venue: 284 Hearst Memorial Mining Bldg

11-12 noon   Meeting with Gary Baldwin, Executive Director, CITRIS
                http://www.citris-uc.org/about/leadership/baldwin
                Venue: 280 Hearst Memorial Mining Bldg

12:00pm   David McLean, CEO Canadian National Railway lecture/
                lunch
                Venue: Seaborg Room, Men's Faculty Club

2:30pm   Meeting with Randy Schekman, Howard Hughes
                Investigator and Professor of Cell & Developmental
                Biology
                http://mcb.berkeley.edu/faculty/CDB/schekmanr.html

Venue: 626 Barker Hall

3:30pm   Meeting with:

Robert Knight, Director, Helen Wills Neuroscience

Institute and Evan Rauch

Professor of euroscience

http://neuroscience.berkeley.edu/users/users_profile.

php?rid=19

John Ngai, Coates Family Professor of Neuroscience,

Helen Wills Neuroscience Institute and Head,

Neuroscience Graduate Program

http://mcb.berkeley.edu/faculty/NEU/ngaij.html

Venue: Helen Wills Neuroscience Institute, 132 Barker

Hall

Thursday, November 16

10:30am   Meeting with Gary Kelson, Executive Director, Berkeley

Wireless Research Center (BWRC)

http://bwrc.eecs.berkeley.edu/

Venue: BWRC, 2108 Allston Way, Suite 200, Berkeley –

Tel: 510-883-0270

12-1   Lunch with Julia Hsiao, Assistant Vice Chancellor Kim

Kincannon, Director, Intl Relations

1:30pm   Meeting with Dr. Paul Chapman, Head of School, Head

Royce School

Venue: Head Royce School, 4315 Lincoln Ave, Oakland –

Tel: 510-531-1300

3:30pm: Tour of College Preparatory High School (to be

                 confirmed)

                 Venue:College Prep High School, 6100 Broadway,

                 Oakland – Tel: 510-652-0111

Morning   Meeting with William Flounders, Technology Manager,

                 Microfabrication Laboratory

                 Venue: TBC

Morning   Meeting with Paul Alivisatos, Associate Laboratory

                 Director for Physical Sciences,

                 Lawrence Berkeley National Laboratory (LBNL) and

                 Larry & Diane Bock Professor of Nanotechnology(Not

                 confirmed yet)

                 http://www.cchem.berkeley.edu/~pagrp/paulbio.html

                 Venue: LBNL, 1 Cyclotron Road, Berkeley

12-1:30pm   Dr. Song Lecture: Korea as an Economic Hub in

                 Northeast Asia

                 Venue: 540 Cory or Cory Hall (TBC)

2:00pm   Meeting with Jay Keasling, Director, Berkeley Center for

                 Synthetic Biology and Professor, Department of Chemical

                 Engineering followed by tour of facilities with

                 Dr. Sung Kuk Lee

                 https://keaslinglab.lbl.gov/wiki/index.php/Main_Page

                 Venue: 717 Potter Street, Bldg 977

4:00pm   Meeting with Chancellor Robert J. Birgeneau

4일간의 버클리주립대학 방문은 짧은 시간에 아주 많은 면담 스케줄이 잡혔던 매우 힘든 일정이었다. 그러나 보람 있고 값진 방문이었다. 버클리주립대학에서는 몇 개의 대학원 과정은 한국에 진출할 수 있겠다고 했다. 그러나 학부 과정은 교양과목의 개설과 교수 확보의 어려움 등을 감안할 때 시간을 가지고 더 생각해 보자는 의견을 보내 왔다. 5년이 지난 지금도 버클리주립대학은 학부 과정의 해외진출은 실현되지 않고 있다. 그러나 세계화의 추세에 따라 버클리주립대학도 언젠가는 인천글로벌대학교의 문을 두드릴 것이라는 믿음을 버릴 수 없다.

노스캐롤라이나주립대학을 유치하라

미국에서 생명과학 클러스터로 유명한 노스캐롤라이나 주의 롤리−더럼 지역은 미국 12개의 대표적 생명공학 클러스터 중 3위이다. 이 지역의 명문대학은 듀크대학(Duke University), 노스캐롤라이나

대학(University of North Carolina), 노스캐롤라이나주립대학(North Carolina State University)이다. 이들 3개 명문대학이 있는 중간 지역에 연구개발 파크인 '리서치트라이앵글파크(Research Triangle Park, RTP)'가 1960년대 주정부 주도로 설립되었다.

이 지역은 섬유, 담배, 가구 산업이 주도하는 경제로 비교적 낙후된 지역이었다. 그러나 RTP의 설립·발전으로 미국의 생명공학 분야의 주도적인 위치를 점하게 되었다. 인천 송도 지역 역시 정부 주도로 생명공학 분야의 클러스터를 설립한다는 면에서 미국 RTP와 일맥상통하는 첨단산업 지역이므로 특히 노스캐롤라이나주립대학을 전략적으로 선정하여 유치하게 된 대학이다.

이 RTP 지역은 최첨단 과학 분야의 기업 연구소가 약 180개가 입주해 있는 미국 최대 첨단혁신 클러스터 중 하나이다. 만일 이들 기업 연구소를 장차 송도에 입주하도록 유치할 수만 있다면 비교적 짧은 시간 내에 송도가 세계 수준의 생명공학 클러스터로 발전하는 데 크게 기여할 것이다. 따라서 우선 노스캐롤라이나주립대학을 한국에 유치할 수 있다면 이는 최첨단 인재를 양성하는 동시에 최첨단 미국 기업 연구소를 유치하는 교두보를 송도에 미리 확보하는 것이 되는 셈이다.

인천광역시 당시 정무부시장이 2004년 노스캐롤라이나주립대학을 방문했다. 그 인연으로 그곳 총장과 수석부총장을 소개받았다. 노스캐롤라이나주립대학을 전략적으로 유치하기 위해 수차

레 접촉했으나 별 반응이 없어 실망도 적지 않았다. 그러나 버클리주립대학의 강의 노트와 4일간의 버클리주립대학 방문 일정을 노스캐롤라이나주립대학 수석부총장인 래리 닐슨 박사(Dr. Larry Neilson)에게 보내면서 다시 면담을 요청한 결과 면담이 성사되었다.

비록 버클리주립대학의 학부 과정은 유치하지 못했으나 노스캐롤라이나주립대학, 남가주대학, 델라웨어대학, 스토니브룩대학, 조지메이슨대학, 조지아텍, 플로리다대학, 일리노이주립대학 등을 접촉하여 유치 활동을 벌일 때마다 수정 보완된 '버클리주립대학 특강 자료'를 미리 보냄으로써 외국 명문대학 유치에 큰 힘이 되고 있다. 또한 미국의 고등교육 분야의 대표적 신문인 *The Chronicle of Higher Education*에 세차례에 걸쳐 필자의 외국 대학 유치목적과 유치활동에 관한 대담기사가 사진과 함께 국제 섹션의 톱뉴스로 기재되었다. 이것 역시 외국 대학 유치에 큰 도움이 되었다.

그 후 필자는 7차례에 걸쳐 노스캐롤라이나주립대학을 방문했고, 그곳 관계자는 5차례에 걸쳐 한국을 방문했다. 결국 노스캐롤라이나주립대학의 '아시아 확장대학'을 송도에 설립하기로 결정했다. 2010년 9월에 제한적으로 개학할 것과 2011년 9월에는 신입생 입학을 허가할 계획이었다. 그러나 한국 진출에 적극적이었던 제임스 오브링거(Dr. James L. Oblinger) 총장과 래리 닐슨(Dr. Larry Nielsen) 수석부총장이 갑자기 보직에서 물러나게 되었다.

신임 총장과 신임 부총장이 부임함과 동시에 2008년 미국발 금

INTERNATIONAL

South Korea Seeks New Role as Global Higher-Educa

Continued From Page A1

by a crisis that is gathering pace year by year: A growing number of students opt out of South Korea's higher-education system to study abroad.

If such ambitions seem far-fetched, consider government plans for the Incheon Free Economic Zone, a 52,000-acre business hub, to be anchored, says a 2007 plan, by a cluster of world-class research and academic institutions. For several years, Incheon has been quietly luring foreign investors with the offer of rent-free campus buildings and seed money.

Incheon City, and a key broker in the new agreements.

Mr. Song predicts that Incheon could eventually play host to more than 40 research institutes and at least seven foreign campuses, luring students from across the region. Eventually, he and others believe, South Korea could be the center of a regional government, along the lines of Brussels in the European Union.

"You know, this region is going to produce one-third of the world's GDP, but we don't cooperate" with each other, he says. "We are

Pyeongtaek last year signed an agreement with the Stevens Institute of Technology to set up a graduate school in the newly created Pyeongtaek University City and is in talks with several more American and European universities.

Jeju Island, on the south coast of the peninsula, tried but ultimately failed to attract a campus of George Washington University.

South Korea's first foreign university, the Netherlands Shipping and Transport College, opened in September in Gwangyang, another port city on the south coast.

Meanwhile, the country's best colleges have embraced ambitious new foreign-language programs. The country's leading research university, the Korea Advanced Institute of Science and Technology, is in the midst of perhaps the most profound reorganization in its 37-year history, under President Nam Pyo Suh. Mr. Suh says he is determined to make Kaist, as the university is known, into a "truly global institution." (See article, Page A24.) Kaist also plans to build a new biotechnology research facility in Incheon.

Hee Yhon Song (left), founder of the College of Northeast Asian Studies, in Incheon City, South Korea, has been working to bring world-class foreign universities to the Incheon Free Economic Zone (below), a 52,000-acre business and technology park. The State U. of New York at Stony Brook and North Carolina State U. have signed agreements to set up programs here.

The Chronicle of Higher Education (2008.3.21)

THE CHRONICLE
of Higher Education

South Korea Builds a Global University, With Help From the U.S.

BY DAVID MCNEILL

SEOUL, SOUTH KOREA

TAKE A man-made island, roughly twice the size of Central Park. Fill it with state-of-the-art schools, hospitals, apartments, cultural amenities, and universities.

Replicate architectural features from around the world, including Venice's canals and New York's parks. Make English the lingua franca and—presto—you have the world's newest city.

Built on 1,500 acres of land reclaimed from the Yellow Sea off Incheon, about 35 miles from South Korea's capital, New Songdo City is billed as the largest private real-estate development in history.

It is Korea's answer to Shanghai and Dubai. Estimates put the cost of the Songdo project, which is barely five years old, at up to $60-billion.

The city's centerpiece is Songdo Global University Campus, a collaborative attempt to blend Korean, American, and European academic strengths.

Hee Yhon Song, one of the founders of Songdo Global University Campus: "Without this university, the Songdo project will not succeed."

Will these efforts help South Korea achieve its goals: creating a handful of global academic brands, winning a bigger slice of the international educational pie, and stemming the exodus of its young talent?

The debate is likely to intensify this year with news that the plunge in Korea's currency is finally helping to keep students at home.

Many colleges, including the new Songdo Global University Campus (*see article, this page*), will be hoping to grab more of those students.

But critics say permanently reversing the drain depends on a fundamental redesigning of South Korea's pyramid-shaped higher-education system: Just 10,000 of 550,000 high-school graduates win places in the country's top three universities each year.

"Most of the other universities are very mediocre," says Mr. Cho. Until that changes, ambitious youngsters will continue to head abroad, no matter what the cost.

Still, even skeptics are bullish about South Korea's prospects in the long term. "I think Asian and Korean universities will eventually catch up with the U.S. and Europe," says Jongryn Mo, dean of Underwood International College at Yonsei University. "Once we set our sights, we'll achieve that."

Brent Lindquist, a deputy provost at Stony Brook, "That will be expensive."

SUNY at Stony Brook will initially offer four undergraduate engineering programs, along academic fledgling will be nurtured by a clutch of well-established local institutions, including Korea University, which is moving its entire operation to Songdo City, and Yon-

Songdo Global University Campus, built on land reclaimed from the Yellow Sea, is a collaborative attempt to blend South Korean, American, and European academic strengths.

for the long haul. "We have high hopes that we will make this work, because the Korean government is behind it," says Bailian Li, vice provost for international affairs at North Carolina State University. "It is part of the Korean government's long-term academic strategy; building this academic city."

The university plans to send dozens of its own students to Korea, until it can recruit enough undergraduates from South Korea, China, India, Taiwan, and Japan.

"It will be our Asian hub," says Mr. Li, who foresees enrolling 1,500 to 2,000 students.

But the Songdo project, which rests on a featherbed of recycled real-estate profits, government support, and debt, has not met everyone's approval.

"Nobody on the Yonsei campus wants to move to Incheon," says Horace Underwood, a professor emeritus at Yonsei, who says the move is part of a "sweetheart deal" between the university and the Incheon government. "Every department and organization is fighting against it."

The attempt to move the university's international program to Songdo will "destroy" it, he says by e-mail.

"When an international student (typically Korean-American) has to choose between Yonsei at Incheon and a Korea University program in Seoul," he says, "that student will go to the campus in the city."

| The Chronicle of Higher Education(2009.6.26)

융위기가 겹쳤다. 따라서 한국의 확장대학 조성을 당분간 연기하게 되었다. 그러나 연기된 가장 큰 원인은 송도에 확장대학 개학 후 첫 5년 동안의 적자 보전이었다. 우리나라의 첫 5년간의 지원금액이 중국, 싱가포르, 중동 지역에 비하여 너무 적었기 때문이다. 따라서

적자 보전의 길이 없는 셈이다. 앞으로 우리나라 정부로부터 지원금을 늘리고 미국의 경제사정이 회복되면 노스캐롤라이나주립대학의 유치 노력은 계속될 것이다.

노스캐롤라이나주립대학을 처음 방문한 것은 2007년 1월이었다. 수석부총장 래리 닐슨 박사와 수석부총장보 벨리언 리(Dr. Ballian Li)를 처음 만나 약 30분 동안 면담이 이루어졌다. 이들은 모두 '버클리주립대학 특강자료'를 미리 읽었으며 한 부씩 가지고 있었다. 따라서 30분 동안 주고받은 대화로도 서로가 깊은 관심을 갖기에 충분했고 당시 수석부총장인 래리 닐슨 박사는 인천경제자유구역 교육 프로젝트에 참여하기를 원한다는 의사를 즉석에서 표했다. 수석부총장보인 벨리언 리에게 지금부터 한국에 확장대학 설립을 위한 모든 계획을 세우고 실천해 주기를 바란다는 지시를 필자 앞에서 했다. 참으로 감격스러웠다. 외국 명문대학 최초의 한국 유치는 이렇게 시작되었다.

2008년 7월 수석부총장 래리 닐슨 박사는 11명의 방문단을 이끌고 4일간 한국을 방문했다. 인천 송도는 물론 서울대, 한양대, 연세대를 모두 방문했다. 여기서 재미있는 에피소드 하나를 소개하고자 한다. 닐슨 박사 일행은 인천 송도 갯벌타워에 올라갔을 때는 현재 연세대학교와 인천글로벌대학교가 위치한 지역(5:7공구)의 매립작업이 한창인 때였다. 지도에 연세대학교 위치는 분명히 표시되어 있었으나 인천글로벌대학교의 위치는 아직 정해지지 않았으므로

인천광역시 안상수 시장과 노스캐롤라이나주립대학 래리 닐슨 부총장과 초기 설비 준비비 지원 계약 체결, 맨 우측 필자(2008.4.11)

표시되어 있지 않았다. 래리 닐슨 수석부총장이 인천글로벌대학교의 부지는 어디 있냐고 필자에게 물었다. 필자는 좀 약한 목소리로 이렇게 답변했다. "Well, somewhere there." 그랬더니 "There?" 하고 필자에게 되물었다. 아직 1평의 부지도 할애된 바 없지만 이번에는 씩씩하게 아주 자신만만한 목소리로 "Yes, there!"라고 대답했다.

그 후 2년 만에 인천글로벌대학교 부지 약 10만 평이 당시 필자 손으로 지목했던 'There' 근처에 결정되었고 지금 학생 1만 명 규모의 학교 건물이 신축되고 있다. 래리 닐슨 수석부총장과 필자는 인천글로벌대학교의 미래 비전과 콘셉트에 대해 오가는 버스 안에서 많은 토론과 질의 응답시간을 가졌다. 그런데 래리 닐슨 박사가 자기 나름대로 노스캐롤라이나 주립대학이 송도에 확장대학을 설립할 경우를 가상해서 그린 콘셉트 가상도를 그려 필자에게 주었다. 독자들에게 참고가 될 것으로 생각되어 이곳에 기재한다.

노스캐롤라이나주립대학과 (사)아시아개발연구원과의 MOU는 2008년 7월에 체결되었다.

필자는 주립대 인근에 있는 '리서치트라이앵글파크'를 방문했다. 180여 개의 최첨단 기업 연구소가 이곳에 입주해 있다. 후일 이 최첨단 연구소가 모두 유치대상이 되어야 한다. 노스캐롤라이나주립대학을 유치하는 목적은 한편으로는 인재양성을 추진하면서 다른 한편으로는 기업 연구소를 유치하기 위한 준비작업을 하는 데 있었다.

뉴욕 스토니브룩주립대학과 조지메이슨대학의 첫 방문

워싱턴 DC에 있는 조지워싱턴대학을 몇 차례 방문하면서 송도 유치를 시도했으나 성공하지 못했다. 따라서 워싱턴 DC 근교에 있는 조지메이슨대학을 유치하기로 마음먹었다. 이 대학은 약 40년 전에 설립된 비교적 역사가 짧은 대학이다. 그러나 최근 『유에스 뉴스(*US News*)』가 선정한 미국에서 가장 빠르고 혁신적인 발전을 거듭하고 있는 70개 대학 중 1위를 차지한 대학이다. 특히 미국의 수

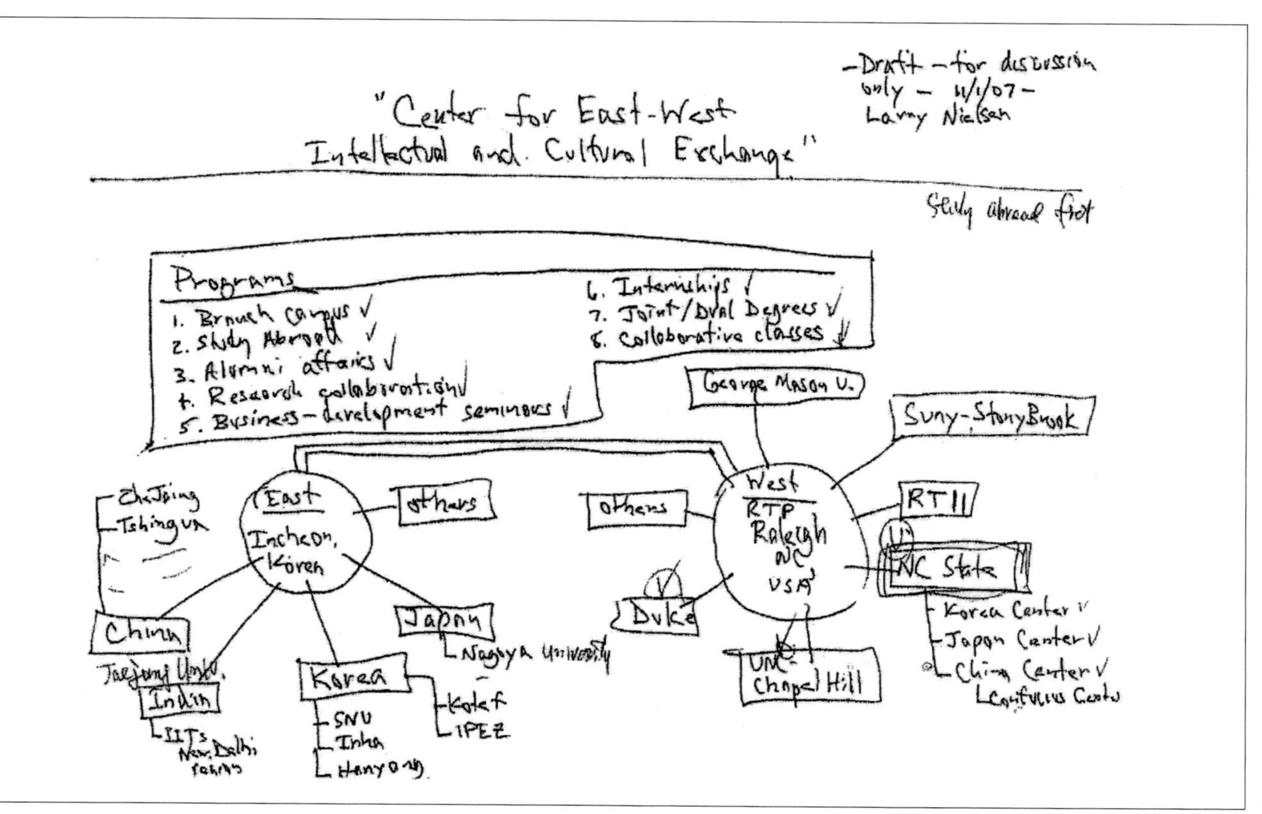

| 래리 닐슨 박사가 그린 가상도

도인 워싱턴 DC 근교에 있다는 것이 전략적으로 중요하다. 행정대학과 법과대학이 매우 우수하다. 이 대학은 미국의회와 정부와의 관계가 아주 긴밀한 학교로도 유명하다.

오바마 미국 대통령이 당선 후 취임 이전 첫 경제 관련 연설을 조지메이슨대학에서 실시했다. 뿐만 아니라 미국의 가장 큰 국제 공항 중 하나인 덜레스국제공항이 20분 거리에 있으며 덜레스국제공항의 신설로 주변 지역이 첨단산업 클러스터로 크게 발전하고 있다. 따라서 이 지역은 앞으로 외국의 최첨단 기업 연구소를 송도에 유치하기 위한 전략적 지역이 될 것으로 기대된다.

스토니브룩주립대학의 방문은 당시 건국대학교 오명 총장의 소개로 이루어졌다. 스토니브룩주립대학은 뉴욕 주(New York State)에 있으며 특히 물리, 화학, 생명과학 등 첨단과학 분야가 강하다. 미국의 유명한 국립브룩헤븐연구소(Brookhaven National Laboratory)를 공동으로 운영하는 5개 대학 중 하나이다. 이들 5개 대학은 프린스턴대학(Princeton University), 코넬대학(Cornell University), 시카고대학(University of Chicago), 캘리포니아 버클리주립대학(University of California at Berkeley)과 스토니브룩대학이다. 이 대학의 총장인 설리 스트럼 캐니(Shirley Strum Kenny)와는 30분간의 면담이 이루어졌다.

조지메이슨대학에서는 수석부총장인 피터 스턴(Peter Stern)과 15분간의 짧은 면담이 이루어졌다. 15분간의 짧은 면담을 위해서 중요 포인트만 다시 적어 보면서 철저히 준비했던 기억이 난다. 15분의 면담은 결코 여유로운 면담이 될 수 없기 때문이다. 이 두 대학에서는 중요 행정담당교수들이 한자리에 모여 각각 약 한 시간 동안 인천글로벌대학교 설립계획을 설명한 후 Q&A 시간을 갖는 형태의 미팅으로 진행되었다. 이 자리에서는 버클리주립대학에서 사용했던 특강 자료를 중심으로 설명이 진행되었다.

그 후 2009년 5월 8일 이헌석 인천경제자유구역청장, 이승주 과장과 필자가 조지메이슨대학을 다시 방문하여 MOU를 체결했다.

인천글로벌대학교 캠퍼스가 인천 송도에 성공적으로 설립·정착된다면 10여 개의 외국 명문대학의 확장대학 캠퍼스가 본교의 5~10% 정도의 규모(1,000~2,000명)로 운영될 것이 기대된다. 비록 규모는 본교의 5~10% 정도이나 교육의 질과 학사관리 운영체제와 방법은 본교의 수준과 동일하게 운영되는 것이다.

그리고 10개의 외국 명문대학이 한 캠퍼스에서 운영되면 이 '인천글로벌대학교 캠퍼스'는 자연스럽게 '동서지식·문화교류의 장'이 되는 동시에 서방 지식·문화의 아시아 기지가 될 것이다. 특히 미국은 아시아에 군사기지는 여러 곳 있으나 지식·문화기지는 아직 없다. 따라서 인천글로벌대학교 캠퍼스가 성공적으로 조성·운영된다면 모든 아시아인이 환영하는 지식·문화 교류의 장이 될 것이다.

또한 서로 다른 문화를 배경으로 한 동양과 서양의 이(異)문화

| 이현석 인천경제자유구역청장과 앨런 머튼 조지메이슨대학 총장의 MOU 체결(2009.5.8)

| 조지메이슨대학 부총장 송도 방문 시 오찬(2009.1.15)

권의 인재들이 감수성이 예민한 20대의 대학시절부터 인천글로벌 대학교 캠퍼스에서 교류를 촉진하고 친교를 두텁게 하는 좋은 계기가 될 것이다. 이는 21세기 글로벌 인재가 되는 지름길이 될 것이라고 설명했다. 동시에 동서협력과 상호 의존도를 심화시켜 동서 간 협력체계 구축에 크게 기여할 것임을 강조하여 설명했다.

이에 스토니브룩주립대학의 캐니 총장은 '원더풀'이라는 말을 반복하면서 두 손을 모으고 한참을 바라보던 모습이 지금도 눈에 선하다. 2009년 6월 캐니 총장은 집 안 사정으로 총장직에서 물러났다. 물러나기 약 2개월 전에 필자가 캐니 총장을 방문하여 스토니브룩주립대학의 송도 진출을 허가하고 지원한 데 대해 깊은 감사의 인사를 전했다.

스토니브룩주립대학을 처음 방문했을 때 아주 고마웠던 분이 있다. 필자가 여행 도중 심한 감기로 고생 중이었다. 호텔의 방이 추웠다. 그때 스토니브룩주립대학의 부총장인 야코브 샤마시(Yacov A. Shamash) 박사가 호텔에 전화하여 방의 온도를 더 올리라고 특별히 부탁하여 편안하게 지낼 수 있었다.

앞으로 인천글로벌대학교가 잘 운영되어 '동서지식·문화교류의 장'이 형성되어야 한다. 그렇게 되면 "인천이야말로 물리적으로 No.1 Gateway toward East Asia가 되는 동시에 지식과 문화적으로도 No.1 Gateway toward 'The Era of Asia'가 될 것이다."라는 필자의 논리에도 많은 공감을 받을 수 있었다. 결국 뉴욕인 스토

니브룩주립대학과 조지메이슨대학을 인천 송도에 유치하는 데 일
단 성공했다.

미국 명문대학 남가주대학교의 첫 방문

캘리포니아주립대학인 버클리주립대학의 유치는 성공하지 못했으
나 남가주대학의 유치는 일단 성공했다. 필자는 2007년 4월경에
남가주대학의 수석부총장과 부수석부총장에게 첫 편지를 보냈고
부수석부총장은 남가주대학을 대신하여 수차례의 구체적인 질문을
했다. 그때마다 최선을 다해 적절한 회답을 보냈다. 약 7개월에 걸
친 교신 끝에 2007년 11월 남가주대학의 초청으로 3일간의 첫 남
가주대학 방문이 성사되었다.

3일 동안 수석부총장 맥스 니키어스(Dr. C. L. Max Nikias, 현재
총장)를 비롯하여 글로벌화를 담당한 부수석부총장 애덤 포웰(Dr.
Adam C. Powell III), 대학원담당 부수석부총장 진 모리슨(Dr. Jean
Morrison), 연구담당 부수석부총장 랜돌프 홀(Randolph Hall)을 비
롯하여 USC의 마셜경영대학(Marshall School of Business), USC의
문리과대학, USC의 정책, 계획 및 개발대학, USC의 영상예술대
학, USC의 비터비 엔지니어링대학, USC의 극장대학 등 7개 대학
의 17명의 교수와 첫 면담을 가졌다. 참으로 분주한 3일간의 일정

이었다.

남가주대학을 처음 방문한 이후에도 많은 이메일이 오고갔으며 2007년 12월에 (사)아시아개발연구원과 MOU를 체결했다. 2008년 9월 필자는 2일간에 걸쳐 남가주대학을 2차로 방문했다. 이때는 글로벌담당 부수석부총장을 비롯하여 USC의 마셜경영대학, USC의 비터비 엔지니어링대학, USC의 문과대학 등 3개 대학의 11명의 교수와의 분주한 면담 일정을 가졌다. 그해 12월에 인천경제자유구역 청과의 MOU를 체결을 성사시키는 데 성공했다. 남가주대학과 처음 접촉한 2007년 4월 첫 편지 이후 20개월 만에 비로소 인천경제자유구역청과 양해각서가 체결된 셈이다.

그 후 2009년 3월 6일 지식경제부의 박청원 경제자유구역기획단장과 담당사무관, 이홍규 카이스트 교수(인천경제청의 전문위원)와 함께 남가주대학을 방문하면서 하루에 4개 단과대학의 11명의 교수와 면담했는데 이는 가장 강도 높은 강행군이었던 것으로 기억된다.

3차례에 걸친 방문 후에도 업무협의를 위한 이메일을 수없이 주고받은 후 남가주대학의 송도 캠퍼스 설립준비자금을 제공하기로 결정되었다. 2010년 2월 2일 남가주대학 송도 확장대학 캠퍼스 설립준비비 지원(Fund Support Agreement, FSA)이 체결되었다. 2007년 4월 첫 접촉이 있은 후 약 3년 만에 이루어진 계약이었다. 현재까지 인천 경제 자유구역청에 유치된 미국 대학 중에서는 그 순위가 가장 높은 26위이다. 특히 최근 미국에서 가장 빠른 속도로 발전하고 있는 대학 70개 중 3위이므로 앞으로 10여 년 후에는 미국내 20위까지 도달할 가능성이 크다고 한다.

또한 남가주대학은 송도 캠퍼스 설립 결정을 계기로 2010년 3월 15일 The USC Korea 사무실을 개설했다. 이를 기념하기 위해 같은 날 리셉션 및 만찬을 조선호텔에서 성대히 거행했다. 약 300명이 조선호텔 리셉션 및 만찬에 참석하여 성황을 이루었다. 2011년 봄에는 인천 송도에서 남가주대학 송도 캠퍼스 설립을 기념하기 위한 국제 컨퍼런스를 계획하고 있었다. 그러나 송도 캠퍼스 계획이 정지된 상태여서 더 이상 진행할 수 없었다.

미국 명문대학 남가주대학교를 유치하라

남가주대학은 미국 전체에서 26위이며, 공과대학으로는 전국에서 7위이다. 일단 남가주대학 유치는 성공했다. 그런데 2010년 10월 26일 안타깝게도 실무책임자인 부수석부총장(Vice Provost)인 애덤 포웰(Adam Powell)가 다른 부서로 자리를 옮기고 총장도 바뀌자 한국 진출이 어렵겠다는 연락이 왔다. 한국 진출이 어려워진 이유가 사람이 바뀌었다는 것이었지만 사실은 운영지원자금 규모가 너무 작아 개교 후 첫 5년간의 적자를 고민한 결과였다.

다음은 부수석부총장이 보내온 편지의 일부이다. 너무나 안타까운 심정이다. 아쉬운 마음을 금할 수는 없으나 우리 정부의 유치조건이 개선되면 언젠가는 남가주대학도 어떤 형태로든 인천글로벌대학교와 인연을 다시 맺을 것이라고 확신한다.

2010년 4월 5일자 부수석부총장의 편지가 앞으로의 협력을 위해 유익한 내용이라 생각되어 편지의 요약과 원문 편지를 다음과 같이 소개한다.

희연에게

지난 달 서울에서 열렸던 USC 축제행사에서 당신을 다시 만나게 되어 기뻤습니다. 당신과 당신의 동료 그리고 인천 경제자유구역청 직원들이 참석해 준 데 대해 영광으로 생각합니다.

전에 우리가 이미 언급한 것과 같이 USC 모델은 다른 미국 대학이 아시아와 중동 등에서 사용하는 '브랜치 캠퍼스' 모델과는 다릅니다. USC 본교와 분리되지 않는 '심리스(seamless) 대학'을 송도에 설립하고자 합니다. USC 본교와 똑같은 기본 학과목을 가르치도록 계획하고 있습니다. 학생은 본교와 송도에서 모두 똑같은 양질의 과목을 택하게 될 것입니다.

지난 주 교수이사회에서 임시 결론을 발표했습니다. USC 학부 학위를 받으려면 필수 조건으로 미국 이외의 다른 지역에서 학부 생활의 일부를 해야 합니다. 우리가 이야기한 대로 USC가 송도에서 아시아 허브를 설립함으로써 한국에 USC 학부(또한 대학원) 교육이 모두 집결하는 것을 의미합니다. 많은 학과목을 미국 USC 본교나 송도에서 선택할 수 있게 될 것입니다.

이것은 INSEAD가 아시아와 프랑스를 오고가듯이 송도와 LA 사이에 높은 수준의 협력체계로 열정적으로 시작하게 될 것입니다. 당신의 비전은 이 시대를 앞서가는 것이며 수석부총장 니키어스(현재 총장)와 그외 교수도 당신의 비전이 매우 유익하다는 것을 인정하고 있습니다.

우리는 당신이 원한다면 한국 아침시간(미국은 저녁시간)에 컨퍼런스 콜(전화회의) 계획을 잡아서 당신과 좀 더 자세히 이야기할 수 있도록 준비하겠습니다.

_애덤

Dear Heeyhon,

It was a pleasure to see you once again at the gala opening of USC Korea last month. We were honored by your presence and by the presence of your colleagues and partners from IFEZ.

We are pleased to bring you up to date on developments here in Los Angeles that are now proceeding much more quickly than we anticipated. The concept that we discussed as the "seamless university," bridging the Pacific Ocean from Los Angeles to Korea, is being embraced by USC's faculty as the opportunity that you envisaged years ago.

As we discussed, this is different from the "branch campus" model that many US universities are using in Asia and the Middle East. Instead, USC is planning a "seamless university," with Songdo as not a separate branch but an integral part of USC's core undergraduate curriculum. Students will be able to take courses in both locations and be assured of consistent high quality.

This was item one at last week's meeting of the USC Faculty Senate, where participants had heard of the opening of USC in Korea two weeks earlier | and of the opportunity in Songdo.

Most important, in addition, this coincides with the work we have discussed briefly of a university | wide USC faculty committee which is examining opportunities, initiatives and metrics in globalization. That committee was created by Provost Nikias (who becomes USC's president in August) and will submit its report to the provost at the end of this month.

At last week's Faculty Senate meeting, the committee presented its tentative conclusions, and there was discussion of the report still being written. At its core is a concept of "global literacy" which will be *required* of all USC undergraduates. To attain global literacy, many or all students will be required, as a prerequisite to receiving a USC degree, to spend part of their undergraduate years outside the United States. This international component is already a requirement in the USC Marshall School of Business.

You can see where this is going: USC as a seamless global university will have students | several hundred undergraduates? thousands? | studying outside the US at any given time. Most USC students already want to go to Asia, and among the thousands already going overseas each year, most go to east Asia. And as USC establishes its Asia hub in Songdo as we have discussed, that means Korea will become totally integrated into USC's undergraduate (and also graduate) education: Many courses will be offered in both locations, so students can chose whether to take them in Korea or in the US. Many will be offered only in Korea, and others will be offered only in the US.

So just as students at the USC graduate program in Shanghai must spend part of their time in Los Angeles as well as China, undergraduates in L.A. will be encouraged | perhaps *required* | to spend time in Songdo, and vice versa. This is very much the INSEAD model | students can go back and forth between Asia and the older campus (for INSEAD, in France).We know this is a more ambitious undertaking, with a higher level of complexity and a higher level of coordination between Songdo and Los Angeles. But this is where the USC faculty seems prepared to go, with the enthusiastic support of USC students.

In addition, we believe the "seamless university" concept answers all questions about standards and the value of a USC degree, because there will be one global standard and one global USC degree. Songdo will never be a lesser "cousin" of the L.A. campus: it will be an equal partner in a seamless global university.

We believe this will also be an advantage for USC and for Korea: It is your and our belief that many Asian families will be more comfortable sending their sons and daughters to classes at Songdo because for much of their undergraduate education they will be closer to home. We will be devoting special attention to this feature as we design the USC Songdo marketing survey. As you will see in the days and weeks ahead, USC will also address issues of greater integration and complexity in planning a "seamless" university as we move forward with the IFEZ planning phase.

Thank you for your assistance and advice which have brought us to this point. In particular, your vision has been truly ahead of its time, and first Provost Nikias and then our faculty colleagues have recognized its unique advantages | and the integral role a USC Asia campus hub can have in the integrated seamless global university we are creating at USC.

We stand ready to discuss this with you in more detail if you would like to schedule a conference call one morning your time, evening in the U.S.

Best regards
Adam

외국 명문대학의 유치활동, 계속되고 있다

필자는 명문대학을 전략적으로 유치하기 위해 캘리포니아 주립대학교인 샌디에이고대학(University of California at San Diego), 미시간대학(University of Michigan), 위스콘신대학(University of Wisconsin), 일리노이주립대학(University of Illinois at Urbana Champaign), 오하이오주립대학(Ohio State University), 조지워싱턴대학(George Washington University), 워싱턴주립대학(University of Washington), 밴더빌트대학(University of Vanderbilt), 라이스대학(Rice University), LA 근교 패서디나에 있는 디자인예술대학(Art Center College of Design, ACCD), 조지아텍(Georgia Institute of Technology), 델라웨어대학(University of Delaware), 미주리대학(University of Missouri), 플로리다주립대학(University of Florida) 그리고 영국의 서리대학(University of Surrey), 캐나다의 토론토대학(University of Toronto)을 직접 방문하여 송도 유치활동을 계속했다.

이 대학들을 방문하기 전에 약 5~6개월 동안 이메일이 수십 차례 오고간 후 방문하게 된다. 2004년 미국 템플대학과 유타대학을 방문한 이래 지난 7년 동안 37개의 교육기관과 비영리 독립 연구소를 방문했다. 그 결과 7개 대학과 1개의 독립 연구소를 우리나라 정부와의 MOU 체결을 성사시켰다. 그중 5개 대학과는 대학교 설립준비비지원 계약을 성사시켰고 1개 연구소는 한국에 유치 완료

델라웨어대학 방문단의 교과부 장관 방문–필자 우측에서 네번째(2008.10.28)

델라웨어대학 방문 시(2009.2.27)

했다. 미주리대학, 조지아텍의 2개 대학은 MOU 체결 후 설립준비 비지원 계약을 추진 중이다. 플로리다주립대학과 일리노이주립대학은 MOU 체결을 추진 중이다. 37개 외국 교육기관 및 연구소를

플로리다대학 총장과 함께(2009.11.21)

방문하기 전에 100여 개의 선진국 대학의 총장 및 수석부총장에게 인천경제자유구역에 입주할 것을 권고하는 간곡한 편지를 보냈다.

플로리다주립대학은 필자가 2008년 8월부터 시작하여 세차례 방문했다. 플로리다주립대학의 제이 버너드 메켄(J. Bernard Machen) 총장과는 그 유명한 플로리다주립대학 풋볼게임을 총장 부스에서 함께 구경했다. 또한 2010년 6월에는 3일간 메켄 총장과 함께 데이비드 제이 시먼스 국제관계센터 학장, 제임스 올리베리오 원장(Dr. James Oliverio) 등이 인천글로벌대학교 캠퍼스 건설 현장을 방문했다. 최근 노스캐롤라이나주립대학(NCSU)과 델라웨어대학이 송도 진출을 연기 내지 정지한 상태이므로 모든 사정을 참고한 연후에 송도 진출을 결정하겠다고 통보해 온 상태이다. 결국 초

조지아주립대학 총장 한국 방문 시(2010.3.10)

기 대학운영비지원이 적어 적자를 메울 수 없다는 것이 한국 진출을 주저하는 중요한 이유 중 하나이다.

영국의 서리대학은 미국의 노스캐롤라이나주립대학에서 소개했고 필자가 2010년 6월에 서리대학을 방문했다. 크리스토퍼 스노던 부총장(실질적인 총장), 니겔 시턴 수석부부총장(실질적인 수석부부총장), 스티브 윌리엄슨 연구부부총장, 콜린 그랜트 국제관계학장, 데이비드 샤키 재무담당관과 함께 약 2시간 미팅 후 오찬과 함께 면담이 이어졌다.

캠퍼스 이곳저곳을 방문했는데 인상적이었던 것은 공과대학의 우주항공학이 대단한 수준이었으며 우리나라 우주 관련 대학 및 연

구소와 깊은 관계를 맺고 있었다. 특히 흥미로운 사실은 서리연구
파크(Surrey Research Park)에 60여 개의 기업 연구소가 입주하여 서
리대학과 깊이 연계되어 있다는 점이었다. 항공 분야 외에도 생명
공학 분야의 연구도 많은 발전을 하고 있었다.

2010년 5월 미국 애틀랜타 시에 있는 조지아주립대학의 로빈
슨경영대학을 방문하여 정보통신경영학 과장인 에프림 알 맥린(Dr.
Ephraim R. McLean)과 면담했다. 이어서 펜위크 허스 학장(Dean
Fenwick Huss)과 미팅했다. 다음 날 마크 베커 총장(President Mark
Becker)과 리사 팸 수석부총장(Provost Risa Palm)과도 미팅을 가
졌다.

또한 조지아텍(Georgia Institute of Technology)의 스티브 맥롤
린 부수석부총장(Vice Provost Dr. Steve McLaughlin)과는 MOU를
체결한 상태이므로 대학원의 한국 진출에 대해 논의했다.

조지아주립대학은 로빈슨경영대학이 인천글로벌대학교 캠퍼
스에 입주하기를 원하고 있다. 2011년 3월 인천글로벌대학교 설립
지원재단과 조지아주립대학의 로빈슨경영대학과 MOU를 체결했
다. 조지아주립대학에서 가장 유명한 학과는 경영대학의 정보통신
경영학과(전국 7위), 위험 및 보험경영학과(전국 3위), 부동산경영학
과(전국 11위)이다. 이들 3개 학과가 인천글로벌대학교 캠퍼스에 진
출을 원하고 있다. 조지아주립대학 전체의 순위는 낮은 편이지만
유독 로빈슨경영대학이 전국 57위이다. 그리고 송도 입주를 원하

미주리대학 핸디 월리엄스 부부총장(오른쪽)과 폴마그피 변호사(왼쪽)와 함께(2010.6.2)

는 상기 3개 학과는 미국의 상위 11위 이내로 명문학과이다.

　2010년 6월 미주리주립대학교를 방문했다. 그동안 경상남도에 있는 경상대학과 협력하여 송도 미주리 확장대학 설립을 진행해 오고 있다. 2년여 동안 각방으로 노력했으나 설립준비비지원자금에 대한 동의서가 문구 조정으로 인하여 1년 이상 계속 늦어지는 데 대해 필자의 도움이 필요하다는 요청이 있었다. 마이클 미들턴 부총장(Dr. Michael Middleton), 핸디 윌리엄스 부수석부총장(Vice Provost Handy Williams), 폴 마그피 변호사(Lawyer Mr. Paul Maguffee) 등이 필자와의 면담을 요청해 왔다.

계약서 문구 조정이 쉬운 일은 아니었다. 그러나 첫 면담 후 필자가 미주리대학교를 직접 방문하여 폴 마그피 변호사와의 면담이 순조롭게 끝났다. 그리고 한국 사람으로 국제협력처에서 일하고 있는 김상 박사(Dr. Sang Kim)를 면담했다. 설립준비비지원자금계약서 문구 조정으로 1년 이상 계약하지 못했던 문제에 대하여 필자는 성심성의를 다하여 이해시켰고 마그피 변호사는 이를 대부분 받아들였다. 참으로 고마운 일이다. 그 후 설립준비비에 대한 우리나라 정부의 규정이 바뀌면서 아직도 계약이 성사되지는 않았으나 현재 진행 중이며 좋은 결과가 있을 것으로 기대하고 있다.

비영리 연구소를 유치하기 위하여 미국의 5개 연구소를 방문하여 유치활동을 벌였으나 3개 연구소와는 MOU를 맺었고 그중 2개 연구소를 송도에 입주시키는 데 성공했다. 방문한 5개 연구소는 다음과 같다. 미국의 솔크생명과학연구소, 바텔연구소, 스탠퍼드연구소, 스크립스연구소, CEWIT연구소이다. 유치에 성공한 연구소는 솔크생명과학연구소와 CEWIT연구소이다. 그 이유는 바텔, 스크립스, 스탠퍼드연구소 등은 그 규모가 대단히 큰 연구소이기 때문이다. 한국 분소를 설치할 경우 최소한의 규모를 갖추어야 하는데 연간 지원자금 약 20억 원씩 5년간 지원으로는 최소한의 규모도 유지할 수 없으므로 한국 진출을 결심할 수가 없기 때문이다. 결국 지원금과 규모가 문제가 된 것이다. 이들은 적자를 감수할 수 없는 운영체제이기 때문이다.

외국 대학 및 연구소 유치 현황

No.	대학/연구소	방문 횟수	방한 횟수	글로벌재단의 역할	비고
1	George Mason	4	3	초기 유치 및 MOU, FSA 체결	학부(2012년 개교 예정)
2	Stony Brook	3	2	초기 유치 및 MOU 체결	대학원(2011년 개교 예정)
3	NCSU	7	4	초기 유치 및 MOU, FSA 체결	무기 연기(총장, 부총장 경질)
4	USC	4	3	초기 유치 및 MOU, FSA 체결	포기(부총장, 부총장보 경질)
5	U of Delaware	4	4	초기 유치 및 MOU, FSA 체결	포기(부총장보, 학장 경질)
6	U of Surrey	1	5	초기 유치 및 MOU 체결	포기(한국 측 계약조건 돌연 변경)
7	Georgia Tec	4	3	초기 유치 및 MOU 체결	대학원(개학 미정)
8	U of Missouri	1	2	FSA 진행	계약서 문안조정으로 3년차 FSA 진행 중
9	Georgia State U	1	1	초기 유치 및 MOU, FSA 진행	학부(2013년 개교 예정), 대학원(2012년 개교 예정)
10	U of Utah	1		FSA 진행	대표 방문자 President Micheal Young
11	U of Florida	3	1		대표 방문자 President J. Bernard Machen
12	SALK(JCB) 연구소	4	3	초기 유치 및 MOU, FSA 체결	개소 3년차
13	CEWIT 연구소	3	2	초기 유치 및 MOU 체결	개소 2년차

방문했던 외국대학 및 연구소

No.	방문기관	방문일자	대표 방문자
1	Temple University	2004. 7.	Provost Schwartz
2	U of Pennsylvania, Wharton School	2004. 10.	Jeffrey A. Sheehan
3	U of California at Berkeley	2006. 11.	Chancellor Robert J. Birgeneau
4	Stanford 연구소	2006. 11.	CEO/Dr. Curtis Carlson
5	Battelle 연구소	2006. 11.	President Richard Adams
6	U of Michigan	2007. 5.	Bryan Rogers, Dean
7	Ohio State U	2007. 5.	Senior Vice President, Todd I. Stewart
8	U of Wisconsin	2007. 5.	Provost Farrell
9	George Washington U	2007. 11.	Carol Sigelman, Associate Vice President
10	U of Toronto(캐나다)	2007. 10.	Dr. Lorna Jean Edmonds, Assistant Vice-President
11	U of Illinois Urbana-Champaign	2007. 10.	Dr. William Brustein, Associate Provost
12	BIOCOM	2007. 4.	Mr. Joe Panetta, President and CEO,
13	CONNECT	2007. 4.	Vice Director
14	SCRIPPS Research Institute	2007.4.	President William Fenical :
15	U of California at San Diego	2007. 4.	Dr. Edward Holmes, Vice Chancellor
16	Research Triangle Park	2008. 5.	Director
17	Rice University	2008. 8.	Provost Levy
18	Vanderbilt U	2008. 8.	Joel Harrington, Asst. Provost
19	Art Center College of Design	2008. 10.	Erica Clark, Senior Vice President, International Initiatives
20	Winchester College (영국)	2009.6.	Dr. Ralph Townsend, Headmaster
21	Oundle School(영국)	2009.6.	Head Philip Couzens
22	Marlborough College (영국)	2009.6.	Master Nicholas Sampson
23	Francis Parker(미국)	2009.8.	Head, Richard Blumenthal, Ph.D.
24	Rutgers Preparatory School(미국)	2009.5.	Mr. Steven Loy Headmaster

유치원과 초·중·고등학교(K-12)의 경우 미국의 2개 학교 (Francis Parker School, Rutgers Preparatory School)와 영국의 3개 학교(Winchester College, Oundle School, Marlborough College) 등 모두 5개 학교를 방문했다. 그 중 프랜시스파커스쿨과는 2009년 11월에 (주)아시아개발연구원과 MOU를 체결하는 데 성공했으나 여건이 맞지 않아 정부와의 계약체결은 되지 않고 있는 상태이다.

결국 24개 대학, 5개 연구소, 5개 K-12 등 37개 교육기관과 연구기관을 50여 회 방문한 결과 7개 대학과 3개 연구소와 MOU 체결을 성사시키는 데 성공했다. 지금도 대학 유치 노력은 계속되고 있다.

아이비리그 대학, 왜 유치하지 않나

필자가 외국 명문대학을 유치하는 과정에서 많은 분들에게서 아이비리그 대학인 하버드, 예일, 프린스턴, MIT, 스탠퍼드 등과 같이 미국에서 상위 10위권 안에 드는 대학은 왜 유치하지 않느냐는 질문을 자주 받는다. 한국에 선진국 명문대학의 확장대학을 유치하여 재정적 적자 없이 운영하려면 그 규모가 학생수로 1,000명이 최소 규모이다. 뿐만 아니라 학교 시설 이외에 발전기금을 마련하여 교수연구비와 학생장학금을 지원해야만 명문대학으로서의 위상과 명

예를 유지할 수 있다.

중국 상하이의 경우 미국의 뉴욕대학을 유치하면서 모든 학교 시설(기숙사 및 교수 아파트 포함)을 건설하여 무료로 임대해 주는 동시에 첫 5년간 약 570억 원의 운영비를 지원하는 조건이다. 전술한 바와 같이 싱가포르의 경우 예일대학을 유치하여 싱가포르 국립대학(NUS)교 학부를 공동으로 운영하면서 NUS 학위를 수여하는 경우이다. 시설은 중국과 비슷한 조건이나 운영비는 중국의 2배 정도인 1,000억 원 수준인 것으로 파악되고 있다. 우리나라의 경우 모든 시설을 건설하여 무료로 임대하는 조건은 상하이와 비슷하다. 그러나 학교당 운영지원 규모는 현재 중국의 10분의 1에 불과하다. 이런 규모의 지원으로는 아이비리그 대학의 유치는 불가능하다.

그런데 상기 아이비리그 대학은 본교 학부의 규모가 5,000명 전후여서 학생 1,000명 이상 규모의 확장대학 캠퍼스를 설립하려면 본교 교수의 20% 정도를 송도 확장대학에 보내야 한다. 이는 아이비리그 대학으로서는 대단히 어려운 일이다. 따라서 인천 송도에 아이비리그 대학의 확장대학을 유치하려면 적어도 본교의 학생 규모가 2만 명 정도는 되어야 본교 교수의 5% 정도를 인천글로벌대학교의 확장대학 캠퍼스에 할애할 수 있을 것으로 판단된다.

10장
인천글로벌대학교 캠퍼스의 개교는 언제쯤인가?

인천글로벌대학교 캠퍼스에 입주하는 외국 대학은 취업이 용이하고 장래가 유망한 전공분야를 선택하여 학과 과정을 개설하게 될 것이다. 우수한 학생을 모집하여 졸업 후 유능한 글로벌 인재로서 인류의 발전과 행복에 기여하도록 교육할 것이다. 앞으로 1~2년 동안에 개교가 예상된 6개 외국 대학에 대해 간단히 설명하고자 한다. 상세정보는 각 대학 홈페이지를 참고하기를 바란다.

미국 뉴욕주립대학 스토니브룩 인천 송도 캠퍼스 설립

미국 뉴욕주립대학 스토니브룩(State University of New York, Stony Brook University)이 미국 대학으로는 처음으로 국내 캠퍼스를

2012년 3월 개교한다. 석·박사 과정 정원 407명으로 운영 될 예정이다. 교육과학기술부는 뉴욕주립대학 스토니브룩 캠퍼스 운영계획을 검토한 결과 인천경제자유구역 내 캠퍼스(SUNY Korea)설립을 최종 승인했다고 2011년 7월 14일 밝혔다.

송도 캠퍼스에서는 컴퓨터학과와 기술과사회학과 2개 학과의 석·박사 과정을 개설하는 대학원대학으로 운영된다. 2012년 3월 개교를 위해 곧 학생 모집을 시작할 예정이다.

뉴욕주립대학 스토니브룩은 1957년에 설립됐으며, 2010년 《뉴욕타임스》가 선정한 미국 공립대학교 순위에서 2위를 차지했다. 또한 《유에스 뉴스 엔드 월드리포트(*U.S. News & World Report*)》에 따르면 스토니브룩은 미국에서 최우수 100위 대학에 속하며, 최우수 50위 공립대학에 속한다. 특히 이공계통의 석·박사 과정은 미국에서 최우수 50위 대학에 속하는 것으로 평가되고 있다. 더욱이 스토니브룩은 미국의 브룩헤븐국립연구소를 프린스턴대학, 시카고대학, 캘리포니아대학과 같은 최우수 대학과 함께 공동으로 운영하는 대학 중 하나이다. 따라서 스토니브룩대학은 미국에서 이공계 분야의 상위권 명문 주립 대학으로 평가받고 있다.

스토니브룩 롱아일랜드 캠퍼스는 1,039에이커(약 127만 평)로 넓다. 뉴욕 시에서 약 60마일 떨어진 곳에 위치해 있다. 1957년에 설립된 학교로 학부생 약 1만 6,000명과 대학원생 약 8,000명으로 총학생수는 2만 4,600명이다. 미국에서도 그 규모가 비교적 큰 대학이다.

스토니브룩 교육과학기술부 승인 기념 한국 방문단 송영길 인천광역시장 예방(2011.7.14)

스토니브룩대학의 구성 대학 및 학교는 다음과 같다.

- College of Arts & Sciences(문화과대학)

- College of Business(경영대학)

- College of Engineering & Applied Sciences(공과 및 응용 과학대학)

- School of Dental Medicine(치과대학)

- School of Health Technology & Management(건강기술 및 경영대학)

- School of Journalism(신문학대학)

- School of Marine & Atmospheric Sciences(해양 및 대기권 대학)

- School of Medicine(의과대학)

- School of Nursing(간호대학)

- School of Social Welfare(사회사업대학)

미국 조지메이슨대학

조지메이슨대학(George Mason University, GMU)은 송도 캠퍼스의 설립승인을 받기 위해 교육과학부에 제출할 운영계획을 준비 중이다. 2012년 9월에 우선 경영학과와 경제학과 학부 과정을 개설하여 개교한 후 학부 과정의 전공분야를 국제학(Global Affairs), 행정학, 생명공학, 환경학 등으로 점차 확대할 예정이다.

조지메이슨대학은 버지니아(Virginia) 주 북부 덜레스(Dulles) 공항 부근의 하이테크 코리도의 심장부이면서 워싱턴 DC에 접한 전략적 지역에 위치해 있다. 이러한 이유로 1972년에 개교한 이래 불과 39년 만에 세계적인 대학으로 성장했다.

2009년 《유에스 뉴스 엔드 월드리포트》에 따르면 조지메이슨대학이 아직은 최우수 주립대학 군에 속하지 않으나 미국에서 가장 혁신적이고 가장 빠르게 성장하는 70개 대학 중에서 가장 혁신적인 대학(Top 1)으로 선정되었다.

또한 상해교통대학(Shanghai Jiao Tong University)의 평가에 따

르면 조지메이슨대학이 북미 및 남미 지역 대학 중 최우수 100위 안에 속하는 대학으로 평가하되고 있다. 이는 뉴욕주립대학 스토니 브룩과 같은 수준으로 평가된 것이다.

조지메이슨대학은 행정학, 경제학 등 사회과학 분야, 공과 분야, 정보기술 분야 및 생명공학과 보건 분야의 학부 및 대학원 과정이 강하다. 연구 분야는 암연구, 기후변화, 정보기술 및 생명공학분야에 눈부신 업적을 쌓고 있다. 예술 분야에서도 세계적인 예술인과 음악가 및 배우를 배출하고 있다.

《유에스 뉴스 엔드 월드리포트》에 따르면 미국 최우수 법과대학 34위로 미국 유명 법대 중 하나이다. 또한 공공정책 및 국제관계 분야는 최우수 50위에 속하며 특히 워싱턴에 가까이 있으므로 미국 의회와 중앙정부와 밀접한 관계를 유지하고 있다. 일례로 오바마 대통령이 당선자 시절 2009년 1월 8일 경제위기를 탈출하기 위한 특별연설을 노벨 경제학 수상자가 2명이 재직하고 있는 조지메이슨대학에서 거행했다.

덜레스 국제공항 주변에는 많은 공터가 있으므로 덜레스공항 건설로 인해 공항 주변 공터에 최첨단 IT, BT 클러스터가 빠른 속도로 형성되고 있다. 이로 인해 이 지역 인구가 크게 증가하고 있다. 따라서 새로 형성되는 최첨단과학 클러스터의 심장부에 있는 조지메이슨대학의 기술정보와 생명과학 분야가 크게 확장 발전하고 있다는 것은 극히 당연한 일이다. 교수 중에는 퓰리처와 노벨상 수상자가 상당수 있으며 특히 경제학과 교수 중에는 전술한 바와 같이 2명의 노벨상 수상자가 있다.

학생수는 학부 과정이 약 1만 8,000명, 대학원 과정이 약 1만 2,000명으로 총학생수는 약 3만 명의 대규모 대학교이다. 조지메이슨대학 졸업생 중에는 상당수가 아이비리그인 하버드대, 컬럼비아대, 시카고대, 존스홉킨스대 및 버지니아 주립대 등 미국의 최우수 20위에 속하는 대학원에 진출하고 있다.

조지메이슨대학의 구성 대학과 학교는 다음과 같다.

- College of Humanities and Social Sciences(인문사회과학대학)

- College of Science(자연과학대학)

- The Volgenau School of Information Technology and Engineering(정보기술공과대학)

- College of Visual and Performing Arts(예술대학)

- School of Management(경영대학)

- College of Education and Human Development(교육대학)

- College of Health and Human Services(보건대학)

- School of Public Policy(공공정책대학)

- Institute for Conflict Analysis and Resolution(분쟁해소 대학)

- Krasnow Institute for Advanced Study(그라스노 대학원)

미국 미주리대학

미주리대학(University of Missouri, Mizzou)은 미주리대학 송도 캠퍼스 개교를 목표로 인천경제자유구역청과 협의 중이다. 미주리대학 측은 가급적 빠른 시일 내에 개교를 원하고 있으나 모든 절차를 끝마치는 데에는 적어도 2년 가까이 소요될 것으로 예상되므로 개교는 2013년 9월로 예상된다.

우선 농업식품 및 광물자원대학(College of Agriculture, Food, Natural Resources)에서 생물학(Biology), 생화학(Biochemistry)의 학사 및 석사 과정의 개설을 원하고 있다. 또한 공과대학(College of Engineering)에서는 정보기술(Information Technology)과 컴퓨터과학(Computer Science)의 학사 및 석사 과정 개설을 원하고 있다. 문리과대학(College of Arts and Sciences)에서는 물리학, 생물학, 화학 등 기초과목을 개설함으로써 농업식품 및 광산자원대학과 공과대학의 학부 과정을 지원할 예정이다.

미주리대학은 1839년 컬럼비아에 설립되었다. 미주리대학은 미국의 미시시피강 서쪽에 처음으로 설립된 주립대학이다. 미주리 주립대학 시스템 내에서 대표 주립대학(Flagship University)이며 미국의 최우수 100위 대학에 속한다. 또한 미국 공립대학교 중 최우수 34위의 명문 주립대학이다. 미주리대학은 학생 3만 2,000명 규모이며 특히 생명공학 분야, 식품 분야, 에너지 분야, 언론 분야, 보건 및 의료 분야가 뛰어난 학교로 알려져 있다. 미국 트루먼 대통령의 배려로 상당 기간 동안 한국의 유학생들은 모두 미쮸리 주 거주 학생과 동등한 싼 등록금으로 공부하도록 배려한 대학이다. 따라서 우리나라에는 미주리대학 동창생이 많으며 우리나라와는 특별한 인연이 있는 대학이다.

미주리대학의 구성 대학 및 학교는 다음과 같다.

- College of Agriculture, Food and Natural Resources(농업, 식품 및 자연자원대학)
  - School of Natural Resources
- College of Arts and Science(문리과대학)
  - School of Music
- Trulaske College of Business(경영대학)
  - School of Accountancy
- College of Education(교육대학)
  - School of Information Science and Learning Technologies
- College of Engineering(공과대학)
- Graduate School: Truman School of Public Affairs(트루먼 공공정책대학)
- College of Human Environmental Sciences(환경대학)

- School of Social Work(사회사업대학)

- School of Health Professions(보건대학)

- School of Journalism(신문방송대학)

- School of Law(법과대학)

- School of Medicine(의과대학)

- Sinclair School of Nursing(간호대학)

- College of Veterinary Medicine(수의과대학)

미국 유타대학

유타대학(University of Utah)은 2012년 9월 송도 캠퍼스에 대학원 개교를 목표로 인천경제자유구역청과 협의 중이다. 우선 교육대학(College of Education)에서는 미국의 수학 및 과학 분야 전문교사 양성을 위한 대학원 과정을 개설할 계획이다. 2년의 석사 과정을 끝마치면 한국인으로서 미국 유타 주의 수학 및 과학 분야 전문교사자격증을 취득하게 된다. 미국에서는 교육대와 사범대를 졸업하면 90%이상이 취업되고 있다. 특히 수학 및 과학 교사의 경우 정식 교사자격증 소유 교사가 상당히 부족하여 교사자격증이 없는 사람도 간단한 시험에 합격하면 준교사 자격증을 획득하여 가르칠 수 있는 것이 미국의 현실이다.

4학기(여름학기 포함) 과정 중 한국의 송도 캠퍼스에서 1년 내지 1년 6개월 간 필수과목을 이수하고 미국에서 6개월 간 교생실습을 하게 된다. 입학생 자격은 유타대학 본교 대학원 입학규정과 동일하며 인원은 1차 년도에 약 30명 정도로 예상하나, 5년 뒤에는 총 정원을 150명 정도로 예상한다.

학부는 자연과학대학(College of Science)과 교육사범대학(College of Education)을 1차로 설립할 예정이다. 학과는 수학과, 화학과, 생물과, 특수교육과, 수학교육과, 화학 및 생물교육과 등을 개설할 예정이다. 각 학과 정원은 30~50명 정도이며 초기 학생정원은 250명으로 예상되고, 5년 뒤에는 총 1,000명의 정원으로 확대되게 된다. 유타대학 송도 캠퍼스가 안정 단계에 들어가기 전까지는 학부 4년의 과정에서 매년 여름학기는 유타대학 송도 캠퍼스에서 제공하기 어려운 필요한 과목을 유타대학 본교에서 이수할 수 있도록 할 계획이다. 여름학기 동안에는 학생들의 경제적 부담을 줄이면서 유타대학 본교에서 생활할 수 있도록 조치할 예정이다.

자연대학 학부생의 경우에는 송도 및 인근 지역의 기업에서 인턴을 하도록 하여 향후 취업 및 대학원 진학에 유리하도록 유도할 것이다. 자연과학을 전공하는 학생의 경우에는 복수로 교사자격증을 획득할 수 있도록 복수전공(dual degree)프로그램을 운영할 예정이다. 학생들이 미국 교사자격증을 받으려면 6개월간의 교생실습을 미국 내에서 해야 한다.

특수교육학과는 아시아 지역에서 우선적으로 필요한 특수교육 분야를 선택하여 아시아 및 세계에서 최고의 특수교육학과로 육성할 계획이다. 적십자, UN, 각 나라의 특수교육 담당부서와 협력하여 학생을 받을 계획이다. 대부분의 학생들은 각 나라에서 선발한 장학생을 우선 선발할 것이다.

그리고 자연과학대학, 경영대학, 공과대학, 예체능 및 인문사회대학의 여러 학과에 대해 면밀히 검토한 후 경쟁력이 있다고 평가되는 학과를 추가로 송도 캠퍼스에 개설해 나갈 계획이다.

유타대학은 유타 주에서 가장 오래되고 규모가 가장 큰 연구중심 대학이다. 학생수는 약 3만 명이며 미국의 최우수 공립연구대학 중 하나이다. 학부의 학생수 대 교수 비율이 15 대 1(2009~2010년 기준)이며 한 교실에 20명 이하의 학생의 경우가 43%이다.

유타대학은 유에스 뉴스 엔드 월드리포트(*U.S. News and World Report*)가 선정한 최우수 100위 대학교에 아직 속하지 못하지만 과학 분야와 의학 분야는 미국의 최우수 50위 대학교에 속한다. 그리고 법과대학은 최우수 60위에 속한다. 그런데 중국 상해교통대학(Shanghai Jiao Tong University)의 평가에 따르면 세계 최우수 80위 대학교에 속하는 것으로 평가되고 있다.

유타대학의 구성 대학 및 학교는 다음과 같다.

• College of Architecture & Planning(건축대학)

- David Eccles School of Business(경영대학)

- College of Education(교육대학)

- College of Engineering(공과대학)

- College of Fine Arts(예술대학)

- College of Health(보건대학)

- College of Humanities(인문대학)

- College of Law(법과대학)

- School of Medicine(의과대학)

- College of Mines & Earth Sciences(광산 및 지구과학대학)

- College of Nursing(간호대학)

- College of Pharmacy(약학대학)

- College of Science(과학대학)

- College of Social & Behavioral Science(사회과학대학)

- College of Social Work(사회사업대학)

벨기에 겐트대학

2013년 9월 학부 과정의 송도 캠퍼스 개교를 목표로 인천경제자유구역청과 개교 업무를 추진 중이다. 전공 분야는 생명공학, 환경공학, 식품공학 분야이다. 학생수는 약 1,000명 수준이며 학비는 약

| 이종철 인천경제자유구역청장과 벨기에 겐트대학 부총장과 MOU 체결

1만 3,000달러 정도로 예상하고 있다. 2017년에는 석사 과정도 개설할 예정이다.

겐트대학(Ghent University)은 1817년에 네덜란드의 공립학교로 시작하여 1830년 벨기에에서는 처음으로 더치언어대학(First Dutch-speaking University)으로 설립된 대학이다.

이 대학은 세계적으로 저명한 과학자들을 배출했는데, 예컨대 조셉 플라토(Joseph Plateau)는 물리학자로서 영화개발의 개척자이고, 코넬 헤이먼스(Corneel Heymans)는 의학 부문의 노벨상 수상자이다. 학생수는 3만 2,000명의 대규모 대학교이며 11개의 단과대학으로 구성되어 있다.

겐트대학의 구성 대학과 학생수는 다음과 같다.

• Arts and Philosophy(예술 및 철학)   4,550명

- Law(법률)   3,800명

- Sciences(과학)   2,450명

- Medicine and Health Science(의과 및 보건)   4,400명

- Engineering and Architecture(공업 및 건축)   2,800명

- Economics and Business Administration
  (경제 및 경영)   2,150명

- Veterinary Medicine(수의학)   1,650명

- Psychology and Educational Sciences
  (심리교육)   4,500명

- Bio-science Engineering(생명공학)   1,800명

- Pharmaceutical Sciences(약학)   800명

- Political and Social Sciences(정치사회)   2,550명

겐트대학의 교직원수 및 교수·조교·연구원·행정인력 등의 수는 다음과 같다.

- 교직원 : 7,700명

- 교수 : 962명(Autonomous Academic Staff)

- 조교 : 1,068명(Academic Assisting Staff)

- 기능직 : 747명

- 행정요원 : 2,307명

- 연구원 : 2,010명

미국 조지아주립대학 로빈슨경영대학

조지아주립대학(Georgia State University)에서 가장 유명한 대학이 로빈슨경영대학(Robinson College of Business)이다. 《유에스 뉴스 앤드 월드리포트》에 따르면 미국 경영대학 중에서 최우수 경영대학 57위에 속하는 미국의 명문 경영대학이다.

로빈슨경영대학은 특히 컴퓨터정보시스템 분야의 학부 과정이 미국의 최우수 7위이다. 또한 위험경영 및 보험(Risk Management & Insurance Program) 분야의 학부 과정이 미국의 최우수 3위이며, 부동산경영(Real Estate Program) 분야 학부 과정은 최우수 11위이다.

로빈슨경영대학은 빠른 시일 내에 송도 캠퍼스를 설립하여 컴퓨터정보시스템 분야에서 석사 과정의 개설을 원하고 있으며 학사 과정도 개설할 계획이다. 컴퓨터정보시스템 분야가 성공하면 계속해서 위험경영 및 보험 분야와 부동산 분야 학사 및 석사 과정을 추가로 개설할 계획이며 MBA 과정도 개설할 계획이다. 특히 직장인을 위한 정규 MBA 과정은 정규 2년 MBA 과정과 동등하고 엄격하게 관리함으로써 미국에서 최우수 14위를 유지하고 있다. 로빈슨경영대학은 미국에서 6번째로 큰 규모의 경영대학이며, 정규교수만 해도 200명에 달한다. 학생수는 7,500명이며 졸업생수는 6만 5,000명에 달한다.

로빈슨경영대학은 CNN과 코카콜라 본사가 있는 조지아 주의 애틀랜타(Atlanta) 시에 위치하고 있다. 애틀랜타시는 미국남부의 비즈니스 중심도시이며 허브 공항인 애틀랜타 국제공항이 위치하고 있는 전략적 지역이다. 또 공과대학으로 유명한 조지아텍도 애틀랜타 시에 위치하고 있으므로 대학 간 협조에 따른 시너지 효과도 크다고 한다.

애틀랜타 중앙은행(The Atlanta Federal Reserve Bank)은 로빈슨경제전망센터(Robinson's Economic Forecasting Center, EFC)가 미국대학 경제전망센터 중에서 가장 우수한 경제전망센터로 평가하고 있다.

로빈슨경영대학을 구성하고 있는 학과와 연구 센터는 다음과 같다.

- Accountancy(회계)
- Computer Information System(전산정보)
- Finance(재정)
- Health Administration(보건경영)
- Hospitality(호텔 및 음식점)
- International Business(국제경영)
- Managerial Science(경영)
- Marketing(마케팅)
- Real Estate(부동산)

• Risk Management & Insurance(위험 및 보험)

• Research Center(연구소)

11장

동북아국제통상대학의 설립 사례

필자가 인천글로벌대학교 캠퍼스 설립을 구상한 것은 1998년 인천대학교 '동북아국제통상대학'을 설립한 이듬해부터이다. 대학을 설립하고, 학교와 기숙사 건물을 건설하고, 이 학교의 교학 프로그램을 만들어 가면서 얻은 경험에서 나온 생각이었다. 현재 이 대학은 매우 성공적으로 운영되고 있다. 인천글로벌대학교 캠퍼스에 비해 그 규모가 작고 외국 대학 유치가 아닌 국내대학으로 글로벌 인재를 성공적으로 양성하고 있는 신설대학이다. 이 대학에 관한 이야기가 인천글로벌대학교 캠퍼스 설립운영에 참고가 되기를 바란다.

'동북아국제통상대학'을 설립하라

필자는 매주 일요일마다 관악산에 올라 자연을 즐기면서 건강을 관리해 왔다. 그런데 1996년 봄 관악산에서 서울대 박세일 교수, 숭실대 이성섭 교수, 서울시립대 강철규 교수(전 공정거래위원장), 동국대 장오현 교수, 서강대 노부호 교수, 인천시립대 박제훈 교수, 외국어대 최광 교수(전 보건사회부장관), 한양대 나성린 교수(현 국회의원), 카이스트 이홍규 교수, 성균관대 박재완 교수(현 기획재정부 장관) 등을 만났다. 이들은 대부분 한국개발연구원(KDI)이나 산업연구원(KIET) 출신이다. 이들은 매주 일요일마다 산행을 계속하고 있었던 '안민산우회'이다. 필자는 지금도 지난 15년 동안 특별한 일이 없으면 이 '안민산우회'에 참석한다.

매주 일요일 평균 20여 명이 모여 3~4시간 동안 산행을 즐기면서 즐겁고 생산적인 대화를 나누는 시간을 가진다. 대부분 하산 후에 목욕을 하고 점심을 함께하면서 즐거운 시간을 보내고 헤어진다. 필자는 '안민산우회' 등산모임에서 평소의 생각을 자연스럽게 말했다. 즉, 우리나라가 생존·발전하려면 4강에 둘러싸인 반도국가이므로 동북아시아 지역의 교류 중심지로 발전할 필요가 있다는 이야기를 몇 차례 했다.

우리나라에 적어도 인천, 광양, 제주도 등 3개의 국제자유도시를 건설할 필요가 있고, 또한 남북교류가 편하게 이루어질 때는 나진·선봉에도 국제자유도시를 건설할 필요가 있다는 말을 자연스럽게 했다. 그러려면 서로 다른 문화를 이해하는 글로벌 인재 양성 교육이 필요하다는 말도 했다. 인천시립대의 박제훈 교수가 필자의 말에 귀를 기울였다.

비슷한 시기에 필자가 우연히 어느 리셉션에 참석했을 때 강동
석 인천국제공항공사 이사장(후일 국토교통해양부장관)을 만나게 되
었다. 그는 당시 인천국제공항공사 이사장을 맡고 있었는데 필자에
게 인천국제공항건설 현장을 꼭 한 번 방문해 주면 좋겠다는 부탁
이었다. 필자는 인천국제공항이 동북아시아의 허브(중심) 공항으로
발전해야 한다고 믿고 있었으므로 방문할 것을 흔쾌히 약속했다.

강동석 이사장이 교통부 기획관리실장으로 있을 당시 필자는
해운산업연구원(KMI) 원장으로 재임 중이었다. 당시 교통부장관이
었던 고 김창근 장관이 필자에게 인천공항개발계획의 기본구상을
작성하도록 명했다. 1년 여에 걸쳐 작업을 마무리했다. 외국 사례
중 지금도 기억에 남는 공항은 세계 여러 공항 중 버지니아 주에 있
는 워싱턴 DC의 덜레스(Dulles)국제공항이다. 뉴욕의 케네디국제
공항은 공항 주변에 여유 부지가 부족하여 발전 잠재력에 한계가
있었다. 반면 덜레스국제공항은 주위에 광활한 부지가 넉넉했다.

덜레스국제공항이 건설됨으로써 항공교통이 편리해졌고 IT와
BT 첨단기업이 덜레스국제공항 주위의 광활한 부지에 몰려들기 시
작했다. 결국 덜레스국제공항이 들어서면서 공항 주변에 IT와 BT
산업 클러스터가 조성되었다. 일종의 공항 중심 첨단산업 클러스터
가 조성된 사례가 필자의 눈에 띄기 시작했다. 필자는 '인천국제공
항개발계획'의 명칭을 '인천공항도시개발계획'으로 개칭할 것을 건

의했다. 인천은 국제공항, 인천항, 정보단지가 함께 어우러진 이른 바 트라이포트가 가능한 지역이 되는 것이다. 궁극적으로 국제자유 도시 건설을 건의한 셈이다. 후일 인천경제자유구역으로 지정되는 데 보탬이 되었을 것이다.

그 후 강동석 이사장에게 연락하여 건설 중에 있는 영종도 인 천국제공항을 방문했다. 아침부터 정오까지 현장을 방문한 후 오찬 을 함께했다. 필자는 그때 놀라운 사실을 알았다. 이 중요하고 전략 적인 국가의 대역사가 창고 하나도 인천광역시 중구청의 허가 없이 는 지을 수 없었다. 행정상의 어려움 때문에 1996년에 받은 예산도 제대로 집행하기가 어려운 실정이었다. 필자는 어떻게 하면 이 답 답한 일을 해결할 수 있을까 하고 며칠 동안 고민했다. 관악산 등산 팀을 생각해 냈다. 등산 코스를 관악산 대신 영종도(당시 인천부두에 서 배를 타고 건넜음)로 갈 것을 '안민산우회'에 추천했다.

한편, 강동석 이사장에게는 버스 한 대를 사당동 사거리로 보 내 줄 것을 요청했다. 일행(부부 동반)은 오전 8시 30분에 사당 지하 철역 부근에서 버스로 출발했고 밤 10시경에 사당 지하철역 부근 에 무사히 돌아왔다. 그때 영종도 등산 겸 인천국제공항건설 현장 방문에는 30명 정도 참석했는데 당시 청와대 박세일 정책기획수 석 내외분과 이각범 사회수석 내외분이 참석했다. 약 13시간 동안 등산, 오찬, 인천국제공항 건설현장 방문, 저녁식사로 이어진 행사 였다.

그 과정에서 강동석 이사장의 조리 있고 유머 섞인 말솜씨는 두 분의 수석을 감동시키기에 충분했다. 이각범 사회수석은 다른 일로 중간에 돌아갔으나 박세일 정책기획수석은 밤 10시 버스가 사당에 도착할 때까지 강동석 이사장과 자리를 같이했다. 그 후 인천국제공항의 모형이 청와대에 설치되었고 이어서 김영삼 대통령이 인천국제공항건설 현장을 방문했다. 뒤이어 인천국제공항건설특별법이 제정·공포되었다. 그 후 인천국제공항건설도 순조롭게 진행되었다.

이런 과정에서 '안민산우회' 회원인 인천대학교의 박제훈 교수가 이 모든 일을 지켜보고 난 후 당시 인천대 총장인 김학준 박사(전 동아일보 사장 역임)에게 필자를 소개했다. 김학준 총장은 내게 전화하여 인천대에서 '동북아국제통상대학' 설립을 책임지고 추진해 달라는 부탁이었다. 필자는 대학설립을 위한 계획은 몇 년 전에 이미 수립한 바 있었으므로 실천만 남은 상태였다. 필자는 특별채용형식으로 정교수 발령을 받았고 국제대학원 원장과 동북아경제연구소 소장의 보직도 함께 받았다.

문제는 예산이었다. 우선 '동북아국제통상대학' 설립제안서를 작성하기 시작했다. 우리나라 경제발전과 인천 지역 경제발전에 기여하는 시대적 '글로벌인재양성' 제안서를 작성했다. 이를 바탕으로 여러 가지 애로와 장애를 무릅쓰고 '무'에서 '유'를 창조한다는 생각으로 박제훈 교수, 조전혁 교수(현 국회의원), 김재영 교수와 함께 혼신의 힘을 다했다. 홍재욱 교수, 김종훈 교수, 곽봉환 교수, 이지은 교수의 각별한 지원도 큰 몫을 했다.

인천광역시로부터 5년간에 걸쳐 100억 원 지원을 약속받았다. 당시 정창섭 기획관리실장(행정안전부 차관 역임)의 이해와 적극적인 협조가 최기선 시장의 결정에 크게 기여했다. 지금도 두 분의 깊은 이해와 협조에 감사한 마음을 잊을 수 없다. 결국 인천 지역의 인재들이 힘을 합해 규모는 작지만 명문대학으로 성장한 인천대학교 '동북아국제통상대학'을 탄생시켰다.

'동북아국제통상대학' 설립재원을 확보하라

인천광역시의 100억 원 지원에 힘입어 대우그룹의 김우중 회장으로부터 50억 원의 지원을 받았다. 또한 교육과학기술부에서 '동북아국제통상대학' 제안서를 평가한 결과 당시 최고지원금인 30억 원을 받았다. 당초 최고금액이 80억 원이었으나 IMF 외환위기로 인하여 학교당 지원금이 최고 30억 원으로 하향 조정되었다.

그 후 '동북아국제통상대학'이 우리나라를 동북아시아 지역의 물류, 국제 비즈니스의 중심지로 만들어 가는 데 기여할 목적으로 '동북아시아 물류 및 e-비즈니스 센터' 건립을 건의했다. 이 과정에서 인천광역시에서는 김대중 대통령이 인천광역시 방문 시 특별

보고를 통해 대통령 지원금 25억 원을 받도록 주선하는 한편 인천광역시 예산 25억 원을 매칭으로 지원하겠다는 방안을 제시했다. 그런데 필자는 인천시 실무팀장과 협의하는 과정에서 50억 원 전액을 청와대 비서실에 신청하는 것으로 계획했다.

김대중 대통령은 50억 원 전액을 하사금으로 결정해 주었다. 현재 인천글로벌대학교 캠퍼스 설립지원재단이 바로 김대중 전 대통령이 하사해 준 50억 원으로 설립한 '동북아시아 물류 및 e-비즈니스 센터'에 둥지를 틀고 있다. 1차로 약 1만 명 규모의 인천글로벌대학교 캠퍼스 건립을 꿈꾸며 혼신의 노력을 다하고 있다.

결국 '동북아국제통상대학' 설립재원으로 총 230억 원을 확보했다. 그 내용은 인천광역시 지원금 100억 원(매년 20억 원을 5년간 지원), 대우건설 50억 원, 교육과학기술부 지원금 30억 원, 김대중 전대통령의 하사금 50억 원이다. '동북아국제통상대학'의 개교는 1997년 11월에 했고 기숙사와 강의실 및 연구실 건물은 대우건설이 50억 원을 들여 1997년에 착공하여 1998년에 완공했다.

그때 필자는 현장을 자주 방문했고 가끔 건설본부장과 식사도 함께했다. 필자는 다음과 같이 당부했다. "동북아국제통상대학은 수능 4% 이내의 우수한 학생만 응시할 자격이 있는 대학입니다. 모든 학생이 등록금 전액 면제 장학금을 받으며 전 학생이 기숙사 생활을 하게 됩니다. 모든 학생을 영어 외에 1개의 제2외국어에 능숙한 우리나라 통상 인재 양성을 위한 교육시설을 건설하는 것입니

다. 나라 발전에 크게 도움이 될 인재를 길러낼 것입니다. 건설본부
장님의 자녀가 그리고 손자손녀가 다닐 대학 건물을 건설한다는 마
음으로 좋은 자재로 아름답고 견고한 건물을 지어 주십시오." 그는
아주 좋은 건물을 지어 주었고 (주)대우건설은 이 학교 건물을 인천
대학이 관리하는 조건으로 인천광역시에 소유권을 이전해 주었다.

(주)대우건설, '동북아국제통상대학' 건물을 기증

기숙사와 강의실 건물 완공에 따른 뒷이야기를 빼놓을 수 없다. 학
교건물 공정이 약 60% 진행되었을 무렵 대우그룹이 부도가 났다.
동북아국제통상대학 건물이 미완으로 끝날 것이라는 염려가 팽배
했다. 대학의 최고경영진의 고민은 당연한 것이다. 그러나 필자의
생각은 달랐다. 만일 대우 최고경영진에서 이 사실을 알면 중도에
포기해도 충분히 이해해 줄 사안으로 처리할 수도 있다는 생각이
었다.

　그래서 필자는 총장과 부총장을 오찬에 초대하여 간곡히 부탁
했다. '동북아국제통상대학' 기숙사 및 강의동 건물이 미완성될 수
도 있다는 말씀을 이 시간부터 금해 주시고 그런 생각조차 하지 말
아 주시면 고맙겠다는 부탁이었다. 필자가 당시 대우건설사장과 관
련 이사를 두 차례에 걸쳐 오찬에 초대하여 간곡히 부탁했다. 두 번

째 오찬 초대에서 대우건설사장이 필자에게 말하기를 "비록 저희 회사가 부도가 났으나 동북아국제통상대학 건물을 완성하여 인천광역시에 소유권을 이전해 주기로 이사회에서 결정했고 필요예산도 이미 확보해 놓았습니다. 그러니 송 학장께서는 더 이상 건물에 대한 걱정은 하지 마시고 학교일에만 정진해 주시기를 바랍니다." 라고 말을 해 주었다.

동북아국제통상대학이 1997년 11월에 설립된 이래 졸업생을 약 500명 배출했다. 이들은 입학 즉시 영어로 강의를 받는다. 필자의 '경제원론' 강의는 매주 예습에 대한 시험을 50분씩 치러야 했다. 나머지 100분 동안에는 학생 스스로 앞에 나가 중요한 그래프와 표를 영어로 설명한다. 아주 어려워서 학생들이 설명을 못하는 부분만 필자가 영어로 설명하는 형식으로 강의를 끌어 갔다. 그렇게 모든 학생이 참여하는 교육방식은 일방적인 강의에 비해 훨씬 이해도가 높고, 창의적 학습능력이 향상되는 것 같았다. 뿐만 아니라 학생들이 영어대화에 대한 자신감도 갖게 된다는 것이 매년 확인되었다. 참으로 기쁜 일이었다.

초기에는 수능점수가 높은 학생을 유치하기 위해 홍보활동도 활발히 했다. 왜냐하면 설립 초기에는 우수학생 유치가 쉽지 않기 때문이다. 한 학년 학생이 50명이다. 그중 중국통상전공 20명, 러시아통상전공 10명, 일본통상전공 10명, 미국통상전공 10명이다. 어느 지역을 전공하든 모든 학생은 영어를 능숙하게 해야 하며 전공 지역의 언어도 능숙하게 숙지해야 한다. 미국 전공의 경우는 중국어나 일어를 선택하여 능숙하게 숙지하도록 했다. 모든 어학은 2시간을 이수해야 1학점을 주게 되므로 어학에 많은 시간을 할애했다.

전교생이 기숙사에서 생활해야 하며 매일 일정한 시간에 기숙사에 귀사해야 한다. 토요일, 일요일만 귀가를 허락한다. 학점과 기숙사 생활 점수가 일정 수준 이하이면 등록금 전액면제 혜택에서 탈락한다. 탈락한 학생은 등록금 전액을 납부해야 한다. 5년 동안 필자가 학장으로 재임하던 동안 성적 부족으로 장학금 혜택에서 탈락한 학생이 크게 불평한 적은 없다. 공부 열심히 하고 기숙사 규율을 잘 지키면 다시 장학금을 받을 수 있도록 규정되어 있었기 때문인 듯하다.

또 하나의 특징은 매년 50명 전원이 1학년과 2학년 1학기를 끝마치면 각자 전공하는 나라의 명문대학으로 1년간 유학길에 오른다. 외국 대학의 등록금도 전액 장학금으로 처리된다. 생활비와 기타 비용은 각자 부담하도록 했다. 교육은 본인도 일부 부담해야 학업에 열중하게 된다는 미국의 유명한 경제학자의 권고를 받아들였다.

필자는 학장으로 기숙사에서 학생들과 함께 3~4일간 숙식하면서 입학생 전원(50명)을 한 명씩 학장실로 불러 개인 면담을 했다. 이는 앞으로 '글로벌 인재'로 키우기 위한 진지한 면담이었다. 면담시간은 각 학생마다 달랐다. 통상 1시간 정도 소요되었다. 가정형편상 안목 있게 자란 학생은 1시간 내에 끝날 수 있었으나 그렇지 못한 학생은 1시간 이상을 면담해야 할 때가 종종 있었다. 그 효과도 아주 컸다고 생각된다. 이러한 개인 면담은 해외유학에서 돌아오는 3학년 2학기 때 3~4일에 걸쳐 2차 개인 면담을 했고 4학년 2학기에는 원하거나 필요하다고 판단되는 학생에 한하여 개인 면담을 실시했다. 아마도 이러한 학생들의 개인 면담이 이들의 성장과정에 도움이 되었으리라고 필자는 믿고 있다.

'동북아국제통상대학' 졸업생, 글로벌 인재로 자란다

'동북아국제통상대학' 졸업생 전원은 취업에 대한 걱정이 별로 없다. 좋은 직장을 고르기 위해 졸업 후 입사가 다소 늦어지는 경우는 종종 있다. 교육내용은 주로 경제, 통상, 경영, 어학에 집중되어 있다. 유학을 마치고 행정고시와 외무고시에 응시하여 5명이 합격했다. 들은 바에 따르면 동북아국제통상대학은 학원가에서도 이미 명문대학으로 인정받고 있다고 한다. '동북아국제통상대학'이 날로 발전하여 동아시아의 '글로벌 리더'를 계속 배출하게 되기를 바란다. 동북아국제통상대학의 경험을 통해 인천글로벌대학교의 설립을 구상하게 되었다. 동북아국제통상대학은 규모가 작으므로 글로벌 인재 양성에 충분하지 못하다는 사실을 고민하고 있었다. 동북아국제통상대학 설립 경험이 인천글로벌대학교 캠퍼스 설립에 크게 도움이 되고 있다.

이렇듯 동북아국제통상대학이 성공적으로 성장할 수 있었던 이유는 설립목적과 교육 프로그램 내용이 졸업 후 필요한 분야에 역점을 두었기 때문이다. 또한 전 학생이 기숙사 생활을 하여 집에서 매일 통학하는 학생들에 비해 적어도 하루 3시간 이상을 추가로 활용할 수 있었다는 점이다. 뿐만 아니라 학생들이 함께 생활하면서 그룹 스터디를 통해 서로 협력함으로써 학업효과를 높일 수 있었다고 본다. 대학에 입학하면 으레 첫해(1학년 기간)에는 공부에 집중하지 못하는 경향이 있다. 그러나 동북아국제통상대학 학생들은 입학 후 1년 6개월이 지나면 외국 유학길에 올라야 하므로 어학준비 등 첫 1년 6개월간을 아주 열심히 공부해야 한다. 여름방학에도 1개월 동안 합숙하여 주로 어학과목을 이수해야 하므로 공부에 열중할 수밖에 없다.

각 나라에 유학하는 학교들은 모두 명문대학이다. 러시아의 경우 러시아에서 가장 명문인 모스코바대학이다. 러시아대학에서 경제학과 통상 관련 과목을 1년간 이수한 학생은 극히 드물다. 그리고 우리나라 러시아 유학생 중 경제 및 상경 계통 전공자가 드물며 영어까지 능숙하게 구사하는 인재는 더욱 드물다. 따라서 앞으로 러시아의 자원개발과 경제협력 분야에서 동북아국제통상대학에서 매년 10명씩 배출하는 러시아 경제를 전공한 젊은 인재들이야말로 우리나라 경제 발전에 크게 공헌할 것이다. 지난 10년간 동북아국제통상대학과 모스코바대학 출신이 거의 100명에 달한다. 이들은 대부분 러시아 관련 회사에서 근무하고 있다.

또한 매년 20명씩 중국 베이징의 대외무역대학과 상하이의 교통(후단)대학으로 유학하게 된다. 이 두 대학 모두 중국의 명문대학이다. 동북아국제통상대학의 중국 유학생들은 모두가 영어에도 능통하므로 졸업 후 진로는 크게 걱정하지 않아도 된다. 중국인민대학과 대외무역대학에서 동북아국제통상대학 출신 박사가 각각 1명씩 2명 탄생했다.

일본 유학의 경우도 큰 성과를 거두고 있다. 일본어뿐만 아니라 동시에 영어를 능숙하게 숙지하고 있다는 것이 큰 장점이며 취업도 잘 된다. 일본 문부성 장학생으로 히토쯔바시대학에 유학하여 박사학위를 취득하고 바로 일본의 모교에서 교수로 강의하고 있는 졸업생이 있다. 동북아국제통상대학 출신으로 일본 대학의 교수가 탄생한 것이다.

인천대학교의 동북아국제통상대학에 합격하려면 적어도 일류대학에 입학하는 수준이 되어야 선발될 수 있다. 서울의 모 대학에서 2~3학년을 마치고 다시 동북아국제통상대학 1학년으로 입학하는 학생이 매년 3~4명에 달했다는 사실도 주목할 만한 일이다.

끝으로 필자가 초대 설립학장 재직 시 작성한 학장 인사말을 참고로 소개하고자 한다.

여러분에게 동북아국제통상대학을 소개하게 된 것을 매우 기쁘게 생각합니다. 동북아국제통상대학(CONAS)은 유창한 2개국의 어학능력과 실질적인 통상 실무지식을 겸비한 국제통상전문가를 양성하기 위해 1997년 11월에 설립되었습니다. 동북아국제통상대학은 다가오는 21세기를 효과적으로 대응할 수 있는 인재를 양성해야 하는 막중한 임무를 부여받고 있습니다. 세계화·정보화 시대를 맞이하여 광범위한 정보를 수집·분석하고 e-Biz화하는 능력배양은 물론 이(異)문화권의 올바른 이해야말로 21세기 우리 대학들이 당면하게 될 가장 시급한 과제가 될 것입니다. 우리 대학은 치열한 국제경쟁에 적절히 대응할 동북아 지역 4개국 전문 인재를 양성함으로써 한국뿐만 아니라 동북아 지역의 공동 발전에 크게 기여하고자 합니다.

CONAS는 학생들과의 약속대로 우수한 교육환경을 제공함으로써 동북아 지역의 명실상부한 명문대학으로 자리 잡게 될 것입니다. 우리는 이 목표를 성취하기 위해 여러분과 긴밀하게 협력하기를 기대합니다.

본 대학은 이문화권에서 국제 비즈니스를 가장 성공적으로 이끌어 나갈 '인재양성'에 모든 노력을 경주할 것입니다.

인천대학교 동북아국제통상대학장

경제학 박사 송 희 연

나가는 말

필자는 초등학교 1학년 때 조실부모한 후 조부모님 슬하에서 유교적 교훈을 받으면서 성장했다. 고등학교 졸업할 때까지는 비교적 유복하게 자랐다. 그러나 4형제의 학비 마련은 쉬운 일이 아니었다. 필자는 마침 수원고등농립학교(서울대학교 농업생명과학대학)를 졸업한 선친의 뒤를 잇기로 결심하고 서울대학교 농업생명과학대학(산림과학부)에 입학했다.

세계적으로 유명한 임목육종 학자이며 임학과 학과장인 현신규 선생님은 필자의 선친과 1년 선후배 사이였다. 그 인연으로 현신규 선생님의 연구실에서 근무하면서 공부를 계속할 수 있었다. 아마도 당시 농업생명과학대학을 진학하지 않았다면 학비 조달 문제로 대학 교육을 받기가 힘들었을 것이다. 당시에는 모두 가난했던 시절이라 학생으로서는 달리 생활비 조달이 힘들었기 때문이다.

그때 외국에서 유명한 학자들이 현신규 교수 연구실을 자주 방문했고 방문할 때마다 선생님께서는 브리핑 차트를 준비하여 영어로 설명하시는 모습을 보면서 필자는 많은 것을 보고 배우면서 성장했다. 필자는 그때부터 미국 유학의 꿈을 조심스럽게 키우기 시작했고 4학년이 되면서 오직 영어 공부와 학교 공부에 충실했다.

미국 유학을 앞당겨 가기 위해 12월 마지막 학기 말 시험이 끝나자마자 사병으로 자원입대를 했다. 유학길에 오르고 싶었던 이유는 우리나라를 보다 부강하고 잘사는 나라로 만들어서 국민 모두가 밥 굶지 않고 초등학교 졸업 후 모든 학생이 적어도 고등학교까지는 진학할 수 있는 나라를 만드는 데 일조하고 싶다는 간절한 바람 때문이었다.

1961년 1월 졸업식에도 참석하지 못한 채 입대했다. 논산에서 기초훈련을 마치고 마산육군병원에서 의무병 훈련을 받고 있는 동안 5·16 군사혁명이 일어났다. 필자의 기억에 당시 혁명공약에서 '경제개발에 대한 군사정부의 강한 의지'를 대국민 성명으로 발표했고 그 발표문에서 진정성을 읽을 수 있었다. 필자는 크게 감동했고 어린 마음에 '신바람'이 나는 느낌이었다. 그때 필자는 미국 유학길에 오르면 경제학을 전공하여 우리나라를 부강한 나라로 만드는 데 동참해야겠다는 꿈을 갖게 되었다.

필자의 대학 시절인 1950년대 후반 우리나라 형편은 세계에서 가장 가난한 나라에 속하는 최빈국이었다. 1인당 GDP가 80달러에 불과했다. 당시는 필리핀보다 훨씬 더 가난한 나라였다. 지금의 미국 대사관과 문화관광부 건물도 우리 기술로는 건설할 수 없는 형편이어서 필리핀 건설회사가 건설했을 정도였다. 참으로 가난하고 무기력한 나라였다.

필자는 1963년 12월에 군복무를 마치고 제대했다. 그 이듬해

7월 그토록 꿈에 그리던 미국 유학길에 올랐다. 미국 뉴욕 주에 있는 시러큐스(Syracuse)대학에 입학하여 하루 세 끼 빠짐없이 열심히 챙겨먹고 하루 6시간씩 열심히 수면하면서 나머지 시간에는 도서관의 대학원생 지정석에서 밤낮 없이 공부했다. 모든 경제학 관련 과목이 새롭고 흥미로웠다. 새로운 과목을 배울 때마다 우리나라 경제개발에 어떻게 활용할지를 깊이 생각하며 가슴 벅차 올랐던 일이 지금도 기억에 생생하다.

어떻게 하면 우리나라가 저개발국가라는 범주에서 벗어나 미국과 같은 선진국이 될 수 있을까? 어떻게 하면 우리나라의 대학 교육도 세계에서 가장 우수한 미국과 같은 수준으로 끌어올릴 수 있을까? 한 과목 한 과목 학기를 끝마칠 때마다 각 과목에서 배운 내용들이 우리나라 경제발전을 위해 활용할 수 있을 것이라는 생각에 깊이 잠기곤 했다. 1969년 가을 시러큐스(Syracuse)대학에서 경제학 박사학위를 취득했다. 박사 후 미국에서 약 2년간의 실무 경험을 가진 후 한국개발연구원(KDI) 설립 요원으로 초빙되어 1971년 7월 출국한 지 7년 만에 고국으로 돌아왔다. 그 후 한국의 경제개발 5개년 계획에 참여하여 밤낮 없이 연구하고 경제정책 수립에 참여했다.

한국개발연구원(KDI) 원장, 산업연구원(KIET) 원장 그리고 한국해운산업연구원(KMI) 원장을 역임하면서 한국의 경제발전에 헌신할 수 있었던 것은 필자에게 큰 행운이었다. 특히 한국개발연구원 재직 시 경제개발 5개년 계획수립을 위한 계량모형을 개발하여 과학적 경제개발계획의 기초를 마련했다. 특히 1973년 제1차 석유파동 이후 세계적 경기침체의 역경 속에서 1977년 수출 100억 달러 달성 목표를 정부에 건의했다. 1977년 12월 22일 수출 100억 달러 목표가 달성되었다. 세계는 이 해 한국의 쾌거를 "한강의 기적"이라고 부르기까지 했다. 산업연구원 재직 시에는 우리나라 제조업이 일본 제조업의 국제 경쟁력을 추월하기 위한 산업 정책을 마련하는데 총력을 경주 했고, 유망 중소기업 발굴·지원 업무와 우리나라 산업 발전에 기여한 공로로 1986년 '석탑산업훈장'을 수상했다. 해운산업연구원 재직 시에는 우리나라의 물류(Logistics)개념을 처음 도입하기 위해 수시로 국제 컨퍼런스를 개최하여 우리나라 물류 대책 방향을 정부에 건의하여 실천에 옮겼던 일들이 새삼 회상된다.

지금은 우리나라 경제가 '모방기술' 경제에서 '원천기술' 경제로 전환해야 하는 대전환기에 직면해 있다. 이는 우리 경제의 모든 구조를 크게 바꾸어야 하는 새롭고 힘든 절체절명의 국가 아젠다이다. 이를 위해 무엇보다 가장 중요한 과업은 '어떻게 하면 글로벌 인재를 양성하는 한편 우리나라 연구개발(R&D) 능력을 선진국 수준으로 끌어 올리느냐이다'. 이제 필자는 인천글로벌대학교 캠퍼스 조성과 외국 명문대학의 송도 유치를 통해 글로벌 인재 양성과 우리나라 연구개발 능력의 획기적인 향상으로 우리나라 경제의 제2 도약을 달성하는데 기여 하고자 한다. 이일은 시간이 걸리고 힘든 일이지만 우리나라가 선진국 대열에 진입하기 위해서는 반드시 성취해야 할 국가사업이다. 우리나라가 1960년대 초 최빈국에서 40여 년 동안에 OECD 회원국으로 도약했듯이 글로벌 인재의 성공적인 양성을 통해 우리나라 경제의 제2 도약을 성공적으로 달성하여 우리나라 경제의 지속성장이 가능하게 될 것으로 필자는 믿는다.

우리나라의 '글로벌 인재' 양성에 전력투구하는 학부모와 교직원, 평생의 진로를 설계하고 결단해야 하는 중·고등학생 및 대학생, 정부정책 입안과 기업경영을 위해 밤낮으로 노력하는 공직자와 기업 임직원 여러분들께 이 작은 책자를 바친다.

2011년 가을

우면동에서

미주

Part 1　세계 경제 3대 트렌드에 직면한 한국

1. Stiglitz, Joseph E., Making Globalization Work, 2007, p.9.
2. 박진수, 「지식서비스산업 발전전략」, 산업연구위원, 2005. 6. 22의 자료를 주로 참고하여 작성.
3. 임천순(세종대학교 교육학과 교수), 「교육서비스산업의 진단과 과제」, 2005. 6. 22의 자료를 주로 참고하여 작성.
4. 권순만(서울대학교 보건대학원 보건정책관리과 교수), 「의료서비스산업의 발전」, 2005. 6의 자료를 주로 참고하여 작성.
5. 구문모(한라대학교 미디어홍보학부 교수), 「창조산업의 파급효과와 국가경쟁력 강화」, 2005. 1. 22의 자료를 주로 참고하여 작성.
6. 콘텐츠란 서적이나 잡지 등의 저작물과 기타 내용물을 의미하나 최근에는 텍스트, 데이터, 음성, 화상, 영상 등의 모든 정보 형태를 포괄하는 아날로그 및 디지털 정보 내용물이나 서비스를 통칭하는 의미로 사용되고 있다.
7. 유럽위원회는 콘텐츠산업이란 용어를 문화산업과 혼용해서 사용하고 있다.
8. SERI 연구에세이, 「중국과 인도, 그 같음과 다름」 박번순(2007. 11. 26)을 참고하여 작성했음.

Part 2　우리의 선택 : 신성장 동력 창출과 동아시아 공동체 핵심국가

9. 송병준 외, 「한국산업의 발전비전 2020」, 2005.
10. 산업연구원, ISTANS DB.
11. 최윤희 외, 「차세대 성장동력산업의 경쟁력 현황과 시장전략」, 2006. 12.
12. 2003년 4월, 미국·영국 등 6개국 컨소시엄인 인간유전체프로젝트(HGP)에서 인간 유전체 지도를 사실상 완성했다고 발표한 바 있다.
13. 바이오 칩은 유리, 실리콘, 나일론 등으로 된 작은 기판 위에 DNA·단백질 등의 생물 분자를 집적시킨 칩을 말한다.
14. 바이오 센서는 DNA, 효소, 생물체, 면역물질 등 생체 물질을 활용하여 전기화학적·광학적·압전적 방법에 의해 원하는 물질의 양을 탐색하는 소형 기기를 통칭한다.

15. 나노 바이오 기술은 분자 차원 및 나노 스케일을 대상으로 하는 생명공학 기술이다.

16. 생물정보학은 생물학적 물질에 관한 광범위한 제반 정보를 컴퓨터 기술을 이용해 체계적으로 정리·분석·활용하는 분야이다.

17. Single Nucleotide Polymorphism.

18. 여기에서의 바이오산업은 상기 2020 유망 바이오산업 외에도 생물자원 등 그린바이오산업, 바이오 에너지 등 화이트바이오산업을 포괄하는 전체 바이오산업을 의미한다.

19. Ernst & Young, "Global Biotechnology Report 2006," 2006.

20. 김주한 외, 「환경·신에너지산업의 발전전략」, 1999을 주로 참고하여 작성.

21. 송병준 외, 「한국사업의 발전비전 2020」, 2005.

22. 「대체에너지개발 및 이용촉진법 제2조」.

23. 최봉현 외, 「서비스산업의 미래와 경쟁전략」, 산업연구원, 2007을 주로 참고하여 작성.

24. 김희주 외, 「비즈니스서비스산업의 발전전략」, 산업연구원, 2000을 주로 참고하여 작성.

25. 제조업 중 가공 기능을 제외한 조사, 정보 수집, 연구 개발, 신상품 기획, 디자인, 광고 등의 서비스 부문이 있다. 서비스 경제화가 크게 진전되고 있는 오늘날 이들 서비스 부문의 경쟁력이 결국 공산품의 경쟁력을 좌우하고 있다. 井原哲夫, 1992, pp.100~101 참조.

26. 구문모 외, 「문화산업의 발전 방안」, 산업연구원, 2000.

27. 유네스코 한국위원회, 「제1차 아태 문화포럼보고서」, 1995.

28. 유네스코 한국위원회·한국문화예술진흥원, 「제1차 아태 문화포럼 보고서」, 1995.

29. European Commission, Culture, the cultural industries and employment, 1998.

30. 문화관광부가 작성한 「통계로 본 문화산업」, 1999에는 세계 애니메이션 시장 규모를 1997년 기준으로 약 736억 달러로 추정하고 있다.

31. 원래는 MPEG(Moving Picture Exports Group) Audio Layer-3인데 확장명을 MP3로 했다. MPEG는 비디오와 오디오 전송 또는 저장 용량의 한계를 줄이기 위해 고안된 데이터 압축 기술이다.

나도 글로벌 인재가 될 수 있다

1판 1쇄 발행 2011년 10월 25일
1판 2쇄 발행 2020년 10월 30일

글쓴이 송희연
펴낸이 주혜숙
펴낸곳 역사공간
　　　　서울시 마포구 동교로19길 52-7 PS빌딩 4층
　　　　전화 : 02-725-8806
　　　　팩스 : 02-725-8801
　　　　e-mail : jhs8807@hanmail.net
등록　　2003년 7월 22일 제6-510호
ISBN　　978-89-90848-86-4 03320

* 이 책 내용의 일부 또는 전부를 재사용하려면 반드시 역사공간의
  동의를 얻어야 합니다.

* 잘못된 책은 바꿔 드립니다.

  가격 12,000원